KB080225

강원국 **✕** 김민식

말하기의 태도

강원국 ✕ 김민식

말하기의 태도

테라코타

말은 귀로만 듣는 게 아니라 눈으로도 받아들인다.
상대를 향해 몸을 약간 숙이고
상대의 눈을 보고 말하는 것은 기본이다.
대화하는 태도에 그 사람의 인품이 배어 있다.
상대에 대한 관심과 애정이 얼마나 큰지
태도가 말해 준다.

_강원국

나는 김민식 작가를 여전히 '김 PD'라고 부른다. 그는 직업으로서 PD를 그만둔 이후에도 변함없이 자기 삶을 연출하는 PD로 살고 있기 때문이다. 아니, 방송사 PD 시절보다 더 자기답게 나보란 듯이 잘살고 있다.

우리는 강연장에서 만났다. 김 PD가 먼저 내 강의를 들으러 왔다. 나도 김 PD를 찾아가 강의를 들었다. 그러면서 우리의 공통점을 발견했다. 김 PD와 나는 배우는 걸 즐기는 사람이다. 그는 늘 배우려고 애쓴다. 나는 그런 점을 배우고 싶다. 함께 책을 내면 어떻겠냐는 제안이 왔을 때 흔쾌히 받아들인 이유다.

책을 쓰기 위해 자주 만났다. 만나서 대화해보니, 그와 나는 결이 달라서 외려 죽이 맞았다. 우리는 만년필과 연필 같은 대체재

관계가 아니다. 이것 아니면 저것, 이것보다는 저것 같이, 서로가 상대의 자리를 대신하거나 우열을 가리는 관계가 아니라, 함께 하면 만족감이 더 큰, 연필과 지우개, 만년필과 잉크 같은 보완재 조합이다.

내가 '말하기'를 강조하면 그는 '듣기'의 중요성을, 내가 '질문' 하는 방법을 말하면 그는 '대답'하는 법을, 내가 조직의 '상하 관계'를 얘기하면 그는 '동료 관계'를 보탰다. 볼트와 너트처럼 주고받는 역할 분담이 잘 됐다. 물론 연장자인 내가 먼저 말하는 호사를 누렸다. 그는 늘 내게 먼저 선택권을 주었고 뒷감당을 자처했다.

그와 말하기에 관해 얘기했다. 지금까지 만나온 사람 가운데 말을 잘한다는 사람, 대화와 소통에 능한 사람의 공통점은 무엇일까. 그들은 어떤 역량을 갖추고 어떻게 말하는 사람일까. 구체적인 인물을 떠올리며 얘기했다. 결론은 '태도'였다. 그들은 태도가 달랐다. 그렇다면 말하기의 태도는 어떠해야 하는가. 바람직한 말하기의 태도란 무엇일까. 태도를 마음가짐, 자세, 방식, 관점이란 네 측면에서 살펴봤다.

모든 건 '마음가짐'에서 출발한다. 말을 잘하고 싶은 마음, 타인을 존중하고 배려하는 마음. 그런 마음을 가진 사람의 말에서는 향기가 난다. 그런 사람은 정직하고 겸손하다. 남의 말을 허투루 듣지도 비꼬지도 가로채지도 함부로 옮기지도 않는다. 자신에게 엄격하고 남에겐 너그러운 말, 상대의 마음 문을 열고 호감을 사는 말을 한다.

마음가짐이 겉으로 드러나면 '자세'가 된다. 말을 중요하게 여기는 자세, 타인을 대하는 모습으로 나타난다. 신중하고 너그러운 자세, 여유 있고 단단한 모습을 가진 말은 어떠해야 할까. 그런 사람은 어떤 모습으로 말하며 어떤 자세로 남의 말을 들을까. 매너가 세련되고 센스가 넘친다는 소리를 들으려면 어떻게 말해야 할까.

말하는 '방식'이 태도를 형성한다. 말은 재주나 솜씨만으론 잘하지 못한다. 말하는 방식이 품격을 좌우한다. 사과, 부탁, 거절, 용서, 화해, 칭찬 등 구체적인 상황에서 내뱉는 한 마디 한 마디가 태도를 이루고, 그 태도에 따라 말을 잘하는지가 결정된다.

어떤 일이나 그 일이 돌아가는 상황 등을 바라보는 '관점' 역시 말의 태도를 만든다. 어떤 사안에 대해 갖는 견해나 시각은 그 사람의 태도를 보여 주고, 이런 태도는 그 사람에 대한 인상과 평판을 만든다. 그뿐만 아니라 자기 삶과 세상을 보는 습관으로 굳어져 자신을 만들어간다.

김민식 PD와 나는 자존감이 높지 않다는 공통점이 있다. 그런 결과로 세 가지가 닮았다. 첫째, 남의 눈치를 심하게 본다. 둘째, 열등감을 감추기 위해 무던히 노력한다. 셋째, 무언가를 배우려는 열망이 강하다. 이 세 가지 특성이 우리 두 사람의 말하는 태도를 낳았다. 게다가 이 세 가지 특성 덕분에 지금 말로 먹고사는 사람이 됐다. 또한 이 세 가지는 강도 차이는 있겠지만, 대다수 사람이 지닌 속성이기도 하다.

혹여 나도 이런 속성이 있다고 생각하는 분이 있다면 얼른 이 책을 집어 들기를 바란다. 실망하지 않을 것이다. 아울러 공저에 관한, 안 좋은 선입견을 품은 분에게도 이 책을 권하고 싶다. 각기 쓴 책보다 함께 쓴 책의 효용이 더 크다는 사실을 확인할 수 있을 것이다.

강원국

강원국 × 김민식
말하기의 태도

차례

프롤로그_ 말하는 태도는 어떻게 만들어지는가   006

• **PART 1** •
태도가 좋으면 타고난 말솜씨도 이긴다

1장 어떻게 말로 먹고사는 사람이 되었을까   016
말 못하는 사람을 넘어 말 잘하는 사람으로 | 말문을 열게 만든 자존감의 힘 |
잘 들으면 관계도 좋아진다 | 한 마디도 놓치지 않고 듣는 법 | 상대를 존중하는
말하기와 듣기

2장 말하는 태도가 바뀌면 대화가 달라진다   036
상대의 안색을 살피며 말하라 | 신뢰가 있으면 말에 힘이 생긴다 | 귀를 열면 마
음의 벽도 허문다 | 말 잘하는 롤모델을 따라 하라

3장 말 잘하는 사람은 자기 말을 한다   054
귀 기울여 들으면 생각이 정리된다 | 내적 동기를 이끌어 내고 강화하는 사람의
말 | 상대를 걱정하는 마음에서 우러나오는 정성 | 사람과의 사이에 거리를 두
는 '괜찮다'라는 말 | 말 잘하는 사람은 자기 존중부터 한다

• PART 2 •
대화는 기술이 아니라 태도다

1장 말이 아닌 태도에 마음이 움직인다   072
자신을 낮추고 상대를 띄워 준다 | 오래 듣고 짧게 말하라 | 좋은 질문이 마음의
문을 연다 | 대화는 듣는 사람과 협력하는 담화다 | 주고받아야 대화가 편해진다

2장 질문하는 태도가 질문보다 중요하다   086
존중을 표현하는 자세 | "좋은 질문입니다"라고 먼저 말하라 | 질문자가 원하는
답은 따로 있다 | 질문한 사람을 긍정하라 | 관점을 긍정으로 바꿔라 | 축적된
경험이 말하기 자산이다 | 귀 기울여 주는 단 한 사람

• PART 3 •
일 잘하는 사람의 말하기는 다르다

1장 일머리가 좋은 사람은 잘 듣는다   112
듣기는 마음을 쓰는 일이다 | 의문과 반문을 해소하는 보고의 십계명 | 면접의
필살기가 된 경청 | 애정의 말은 일의 질적 수준을 높인다 | 진심으로 들으면 열
정도 움직인다 | 충정은 일하고 싶게 만든다

2장 마음을 움직이는 리더의 소통법   134
똑 부러지게 알려 주는 사람의 비밀 | 일을 잘하게 하기 위해 잘 들어 준다 | 싫
어하는 일도 잘하게 하는 법 | 똑똑하고 게으른 상사가 좋은 이유 | 소통하면 갈
등이 풀린다 | 속도가 아니라 방향을 제시한다

3장 사람이 따르는 말 한마디의 힘　　　　　　　　　157

마음이 말의 품격을 만든다 | 자신을 존중하는 사람의 말하기 | 결과를 만들어
내는 리더의 말 | 낮출수록 커지는 겸손의 말 | 나를 있는 그대로 보여 주는 말

• PART 4 •
듣고 말하는 태도를 만든 좋은 습관

1장 말을 갈고닦는 언어 습관　　　　　　　　　172

내가 한 나쁜 말은 나에게 돌아온다 | 대화한 후 내가 한 말을 복기한다 | 들은
내용을 저장하는 습관 | 챗GPT 활용을 통한 키워드 발견 | 10분은 멍하니 있어
보자 | 소소한 일상을 기록해 보기 | 같은 말이라도 간단하거나 재미있게 | 듣기
와 말하기의 황금 비율

2장 말 잘하는 사람의 듣는 습관　　　　　　　　　199

빈도와 농도를 기준으로 거리를 두다 | 누구에게도 상처받을 필요는 없다 | 만
만해 보일 땐 경청을 멈춰라 | 자기 소리를 경청할 때도 섬세함이 필요하다 | 배
려는 경청에서 시작된다 | 마음을 써야 잘 들을 수 있다 | 타인의 감정 다치지
않게 듣는 태도

3장 경청이 태도를 만든다　　　　　　　　　215

잘 들으면 얻게 되는 것들 | 비난을 수용하며 관계를 회복하는 법 | 내 마음의
작은 소리에 귀를 기울이면

• PART 5 •
대화의 질과 품격을 더하는 말공부

1장 듣고 이해하는 청해력이 중요하다   230

유튜버의 존재감은 말이 만든다 | 챗GPT 시대에 듣고 생각하는 훈련이 필요하다 | 맥락을 읽고 받아들이는 일 | 말을 잘 들어야 내 것으로 만들 수 있다

2장 이청득심, 잘 들어서 마음을 얻다   241

자존감이 낮은 사람이 경청을 잘한다 | 말을 잘하고 싶은 욕심을 이기는 법 | 귀를 기울이면 주연보다 빛난다

3장 품격 있는 삶을 위한 말공부   249

책 읽기와 듣기의 공통점 | 매너가 좋은 관계를 만든다 | 10년 동안 매일 아침 글을 써 봤니? | 강원국처럼 살고 싶다

[대담] 마음을 사로잡는 대화의 기술   262

에필로그 _존중과 책임이 말하는 태도를 만든다   298

대통령의 연설비서관 강원국, 공중파 방송사 PD 김민식은 은퇴 후 책을 쓰고 강연하며 먹고산다. 타고난 말솜씨와 글솜씨가 있었을 거 같은 이 두 사람에게는 속사정이 있다. 바로 오랫동안 '말 못하는 사람'으로 살아왔다는 것. 말 못하는 사람이 말문이 트이고 이제는 말로 먹고살기까지 삶의 굽이굽이마다 남의 말을 들어온 시간이 숱하게 쌓여 있었다.

PART 1

태도가 좋으면
타고난 말솜씨도
이긴다

1장

어떻게 말로 먹고사는 사람이 되었을까

말 못하는 사람을 넘어 말 잘하는 사람으로

강—— 처음부터 말을 잘한 사람이 있을까? 타고난 달변가라고 할 만한 사람, 입만 열면 술술 말줄기를 뽑아내어 듣는 이를 매혹하고, 저 사람 이야기를 계속 들었으면 하는 마음이 절로 들게 하는 사람 말이다. 나는 어쩌다 보니 몇 명이나 이런 이들을 겪어볼 기회가 있었다. 그러나 나 자신은 오랜 세월 지지리도 말 못하는 사람으로 살아왔다.

초등학교 2학년 때 어머니가 돌아가셨다. 수업이 끝나고 집에 돌아와서도 말동무가 없으니 입을 열 일이 드물었다. 원래 말이란 많이 해 봐야 느는 법인데 말을 할 일이 없으니 늘 리가 없었다. 성장기 아이들의 자존감을 키우는 데 중요한 역할을 하는 존재가 어머니나 할머니라고 한다. 어머니의 빈자리가 내겐 어떤 결핍이 되어 자존감도 덩달아 낮아졌다.

말이 없는 아이로 학창 시절을 보냈을 뿐 아니라 직장생활을 하면서도 말을 별로 안 했다. 어쩌면 무의식중에 말을 적게 해도 되는 자리를 찾아 들어갔는지도 모르겠다. 25년간의 직장생활을 하면서 17년을 기업에서 보내고 청와대에서 8년을 보냈는데 그중 비서직을 13년가량 했다. 비서실에서 근무하면서 회장님 세 분, 대통령 두 분을 모셨다.

좋은 비서의 자질 가운데 하나는 입이 무거워야 한다는 것이다. 듣는 귀는 있어도 새어 나가는 말은 없어야 한다. 들은 이야기를 옮기면 안 되는 것은 물론이고 자신이 한 일 또한 입에 올려서는 안 된다. 윗사람의 말과 글을 대신해서 쓰고 다듬는 일을 하는 사람은 고스트라이터와 다름없으니 나는 아무것도 한 일이 없어야 했다. 심지어 아내조차 내가 쓴《대통령의 글쓰기》라는 책을 보고 나서야 비로소 내가 어떤 위치에서 무슨 일들을 했는지, 얼마나 고생했는지 알았다고 했다.

보통 비서를 필요로 하는 분들은 말이 많은 사람보다 말을 잘 듣는 사람을 좋아한다. 여기서 살 듣는 사람이런 경청을 잘하는 것이 아니라 눈치가 빨라 말귀를 잘 알아채고 시키는 일을 잘하는 사람을 뜻한다. 자연히 말을 하는 것보다 듣는 게 내 역할이 되었다. 덕분에 말을 안 해도 되어 편했다. 사실은 원래 말을 잘하지 못하는 사람인데 안 해도 되는 자리에 있으니 못하는 게 표가 나지 않았던 셈이다.

입이 무거운 사람이라는 주위의 평가가 쌓여 가고, 말을 안 해버릇하다 보니 점점 말하기가 낯설고 무서워졌다. 어느 순간부터는 정말로 말하는 일 자체가 두려웠다. 회사에서 정기적으로 실시하는 조별 토론 날짜가 코앞에 닥치면 출근하기 싫어졌다. 차장 진급을 앞뒀을 때는 3분 스피치가 두려워 아예 진급 대상자 교육 과정을 신청하지 않았을 정도다.

청와대에서 근무할 때도 다르지 않았다. 한번은 대변인 제안을 받은 적이 있는데, 연설비서관만큼 대통령의 생각을 잘 읽는 사람이 어디 있느냐며, 3년 동안 대통령의 말을 듣고 쓴 네가 적임자라고 선배가 추천하겠다고 했다. 대변인은 대통령의 생각을 읽고 대신해서 전달하는 사람이니, 말재간 좋은 사람보다 낫다는 이유에서다. 그 선배를 붙잡고 통사정 끝에야 만류할 수 있었다. 스스로 말 못한다는 걸 누구보다 잘 알기에 이처럼 눈앞에 찾아든 기회를 여러 번 흘려보내야 했다.

나는 지금 말로 먹고산다. 말문이 트인 이유는 단순하다. 말을

강원국 × 김민식 **말하기의 태도**

해야 먹고살 수 있었기 때문이다. 말 못하는 사람에게 말을 해야 하는 순간이 닥치면 스스로 할 수 있음을 뒷받침하는 단서들을 절실하게 찾게 된다. 나 또한 그랬다.

첫 번째 단서. 나는 8년 동안 대통령의 말을 쓰면서 그분들의 말하기를 지척에서 보고 배웠다. 우리나라에서 말 잘하기로 손꼽 자면 누구나 인정하는 김대중, 노무현 두 전직 대통령을 독선생 으로 모시고 배운 셈이지 않은가. 더욱이 내게는 남들에게 없는 무기가 하나 있다. 누군가를 닮고 싶은 욕구가 강하다는 것이다. 초등학교 때 〈웃으면 복이 와요〉란 코미디 프로가 있었는데, 나 는 거기에 나오는 구봉서, 배삼룡 씨 흉내를 잘 냈다. 직장에서도 모시는 분들에게서 어떻게든 장점을 찾아 배우려고 했다. 스피치 라이터라는 역할 자체가 그분들의 말과 글을 흉내 내야 하는 일 이다. 나는 기꺼이 그들의 분신을 자처하면서 나도 모르게 그들 을 닮아 갔다.

두 번째 단서. 말을 잘하려면 잘 들어야 하는데 나만큼 어린 시 절에 풍부한 듣기 경험을 쌓은 사람이 또 있을까. 장학사였던 어 머니는 말솜씨가 유창한 데다 말씀도 많은 분이었다. 기억도 가물 가물한 어릴 적부터 쉬지 않고 내 귀에 대고 이런저런 얘기를 들 려주셨다. 갓 태어난 아기의 뇌가 다 성장하기까지 24개월 동안 어떤 말을 얼마나 듣는지가 자라날 아이의 언어 감각을 키우는 데 결정적으로 작용한다는 사실은 나중에야 알았나. 믹싱 말을 시작하려고 하니 내게도 그런 경험이 있다는 사실이 힘이 되었다.

세 번째 단서는 내가 말하기에 자신감을 갖게 된 계기랄까. 노무현 대통령이 주재하는 회의에서 광복절 경축사를 어떻게 작성할지 발표하라고 했다. 내가 발제하면 그 내용을 바탕으로 토론을 하겠다는 거였다. 그때 나는 사실 말을 했다기보다 말할 내용을 통째로 외워서 천장을 보고 쭉 쏟아 냈다. 모양새야 어쨌든 간에 남들 앞에서, 그것도 대통령 앞에서 말을 해 본 값진 경험이었다. 그게 훗날 내 밑천, 자신감의 원천이 돼 주었다.

마지막 단서. 결정적으로 말을 해야 하는 상황이 닥친 것은 위암 선고를 받고 나서였다. 훗날 오진으로 밝혀졌지만, 그 위암 선고는 내게 커다란 변화를 가져왔고, 정체된 삶에 물꼬가 됐다. 그 무렵의 내 상태는 세 가지로 설명할 수 있다. 첫째로 더 잃을 게 없었다. 이명박 정부 시절이었으니 오라는 데도 없었고 손에 쥔 것도 없었다. 두 번째로 더 내려갈 곳이 없었다. 일자리가 너무 절박해서 월급 150만 원 받는 출판사 말단 편집 사원으로 들어갔다. 청와대에서 일하다가 나와서 최저 임금이나 다름없는 월급을 받고 일을 했다. 세 번째로 다시 올라가고 싶지도 않았다. 남한테 잘 보이고 인정받겠다고 살아왔지만, 이제 와 새삼 출판사에서 뭐가 돼 보겠다는 의욕이 전혀 생기지 않았다.

오히려 그런 상태였기 때문일까. 말하기의 두려움도 줄어든 느낌이었다. 사실 말하기에 대한 두려움은 욕심과 결을 같이한다. 자기보다 나은 말을 하려는 욕심 때문에 힘든 것이다. 있는 그대로, 가진 것만큼 말하면 말하기가 어렵거나 무서울 이유가 없다. 나 역시 욕심이 있을 적에는 말하기가 두려웠다. 말하다가 실수하거나, 할 말이 떠오르지 않거나 내 수준을 들킬까 봐 겁이 났다. 말을 잘못 꺼내서 손해를 보거나 말을 통해 내 본색이 드러나면 어쩌나, 다른 사람들은 내 말을 어떻게 평가할까, 말로 인해 관계가 나빠지지는 않을까 하는 걱정에 점점 입을 다물게 됐다. 욕심이 사라지고 원하는 것도 없어져 무서운 게 없는 상태가 되니까 입을 열게 됐다. 발가벗은 나 자신을 보이는 게 두렵지 않았다.

내 말을 잘 들어 주는 사람을 만나라

강 —— 내가 말을 잘하게 된 비결이 하나 더 있다. 바로 내 말을 잘 들어 주는 사람을 만난 거다. 아내가 바로 그 사람이다. 내가 직장을 그만두고 아내도 퇴직한 후로 맨날 붙어 있으면서 우리는 말동무가 됐다. 아내 앞에서는 어떤 말이든 자신 있게 할 수 있었다. 무슨 말을 해도 다 받아 주고 대단하다고 그러니까 스스로 검열을 한다거나 눈치 보는 일도 없어지고 자신감이 늘었다. 하면 할수록 느는 게 말이다. 아내에게 조금이라도 더 나은 모습을 보이고 싶어서 할 말을 준비하는 공부를 열심히 하다 보니 어느새 여기까지 왔다.

나를 이해해 주고 내가 더 나은 사람이 될 수 있도록 도와주는 사람을 만나면 누구나 달변가가 될 수 있다. 하물며 그런 사람이 친구나 스승이 아니라 나와 가장 가까운 가족이라면 이보다 더 좋은 게 없다.

말문을 열게 만든 자존감의 힘

김 —— 어머니는 교사였고, 아버지 또한 교사였다. 교사 부모 밑에서 성장하면 자존감을 키우는 데 큰 도움을 받을 거로 생각하는 사람들을 종종 만난다. 아이들이 자존감을 키우는 데 있어서 부모님의 역할이 중요하다는 건 맞는 말이다. 애가 조금 비리비리하고 지질지질해도 엄마들은 보통 스무 살 전까지는 우리 아들이 최고라고 치켜세워 준다. 그래서 진짜 자기가 최고인 줄 알고 사는 남자들이 적지 않다. 우리 엄마는 내가 제일 잘나고 멋있다고 했는데 넓은 세상에 나가서 그게 아니라는 걸 깨닫는 순간 발치에서부터 무너져 내린다. 내 경우는 조금 달랐다.

고등학교에 진로 특강을 하러 갈 때면 학생들에게 던지는 질문이 있다.

"이 중에서 엄마 아빠가 두 분 다 교사인 친구 손 들어 보세요."

한두 명쯤 손을 들면 이렇게 말한다.

"저 친구들한테 잘해 주세요. 여러분이 엄마 아빠 말씀 중에 제일 듣기 싫은 게 엄친아, 엄친딸과 비교하는 거잖아요. 그런데 저 친구들은 늘 전교 1등이랑 비교를 당하거든요. 부부 교사한테는 우리 학교 전교 1등이 엄친아, 엄친딸이니까요."

그게 나를 둘러싼 현실이었다. 어려서부터 책 읽고 글 쓰는 걸 좋아해서 당연히 문과에 갈 줄 알았던 내가 이과에 진학한 데도 그런 배경이 작용했다. 한 반에 50명 중 22등에 수학도 못 하는 나를 의대에 보내려는 아버지의 의지가 그만큼 강했다. 결국 의대에는 진학하지 못하고 울며 겨자 먹기로 들어간 공대를 졸업한 후 영업사원으로 일하다가 이를 악물고 공부해 한국외대 통역대학원에 합격했다. 외국에 한 번 나가 본 적도 없이 독학으로 공부해 일군 성과였다. 그러자 아버지가 기뻐하며 말씀하셨다.

"거봐라, 너도 노력하면 되잖니. 이제 학력고사 다시 봐서 의대 가자."

그때 깨달았다. 의사가 되지 못한 나는 우리 아버지 눈에 평생 모자라고 부족한 자식일 수밖에 없다는 걸.

자존감이 바닥인 채로 살아온 사람이 말은 잘했을 리가 있겠는가. 남들 앞에서 내 의견을 말하는 일이 쉽지 않아 그럴 일 자체를 안 만들었다. 강원국 작가님은 비서 역할에 충실하려다 보니 말을 할 수가 없었다고 한다. "회장님이 하신 그 말 실은 내가 쓴 거야"라는 말을 어디 가서 하겠나. 나 또한 그랬다.

20대에 영업사원이나 통역사로 일했을 때도 말을 잘하는 것보다 남의 이야기를 잘 듣는 것이 더 중요했다. 영업사원은 고객의 애로 사항을 경청하고 어떻게 문제를 해결해 드려야 할지, 어떤 제품이 도움이 될지 고심한다. 통역사는 연사의 말에 귀를 기울이며 어떻게 우리말로 옮길지 생각한다.

나는 PD가 되면 내 말을 할 수 있을 줄 알았는데, 그건 아니었다. 24년 동안 드라마 PD로 일하며 〈논스톱〉이나 〈내조의 여왕〉처럼 성공적인 작품을 만들어도 "제가 잘한 게 아니라 작가님이 대본을 너무 잘 써 주셨어요. 전 그저 대본을 충실하게 영상으로 옮겼을 뿐이에요"라며 겸손을 떨었다. 내가 아무리 열심히 드라마를 찍고 잘 편집해도 화면에는 배우 얼굴이 나오고 드라마의 재미는 작가가 만든다. 드라마는 감독의 역할이 중요하게 여겨지는 영화와 경우가 다르다.

줄곧 남 이야기를 듣는 것에 익숙했던 덕분인지 드라마 PD로 일하는 건 어렵지 않았다. 대본 리딩 때 작가가 하는 이야기에 귀 기울이면 어떻게 촬영해야 할지 그림이 그려진다. 리허설 때 배우의 연기에 귀 기울이면 캐릭터가 그려진다. 내가 생각한 것과 배우가 다른 톤으로 연기를 하면 어떤 의도로 한 연기인지 묻는다. 작가가 쓴 대본을 존중하고 배우의 연기 톤을 이해하며 스태프가 준비한 촬영 방식을 듣고 긍정하는 것이 나의 연출 방식이었다.

그렇다고 방송사가 말을 못하는 사람을 선호한다는 것은 아니다. 매체를 통하여 사실을 전달하고 어떤 문제에 대해 여론을 형성하는 활동을 하는 데 자기 목소리를 내지 못하는 사람은 설 자리가 없으며 일할 기회조차도 없다.

말을 못하는 사람이었던 내가 제 목소리를 내고 말하기를 겁내지 않게 된 건 나 자신을 인정하고 나서부터다. 성장 과정에서 충분히 자존감이 길러지지 않았다면 스스로 자존감을 키우는 방법을 찾아야 한다. 천만다행으로 20대에 혼자 영어 공부를 하면서 나도 할 수 있다는 깨달음을 얻었다. 어머니 아버지가 나를 인정해 줘서 멋진 놈이 된 게 아니라, 내가 목표를 세우고 하루하루 그것을 실천하는 과정에서 자존감을 높이고 나도 괜찮은 사람이라는 자각을 갖게 되었다. 뭐 대단한 포부를 실현하려고 했던 건 아니다. 매일 한 시간씩 책을 읽는다든지 하루에 영어 문장을 몇 개씩 외우기 같은 일들을 꾸준히 해 나갔다. 내가 나를 인정하고 나 자신을 존중할 수 있는 근거가 생기니까 비로소 말문이 트였다.

작은 목표를 달성하며 자존감을 키우고 타인의 삶을 긍정하면서 살아온 나는 마흔을 한참 넘기고서야 사람들 앞에서 내 이야기를 할 기회를 얻었다. 첫 책을 쓰고 여기저기 강연을 다니는데 문득 너무 행복했다. 강연할 때 10명이 오든 20명이 오든 청중이 귀 기울이고 지켜보는 그 한 시간의 주인공은 나였다. 오롯이 내 힘으로 채우고 책임지는 작은 순간들이 더없이 소중했다.

강원국 작가님이 쓴 《결국은 말입니다》에서 정말 좋았던 대목이 있다.

—— 강사의 시대다. 우리 모두 강연을 해야 된다. 누구든 다 자기 글을 쓰고 자기 말을 하면서 자기의 삶을 이야기해야 한다.

드라마 PD로 일할 때보다 지금이 더 행복한 것은 내 이야기를 하려고 올라선 무대 위에서는 내가 주인공이기 때문이다. 책을 쓴 사람이나 강연을 하는 사람 모두 나다. 사람들이 보고 찾아오는 강연 포스터에도 내 얼굴, 내 이름이 딱 붙어 있다. 평생 남의 말을 듣고 옮기는 데 충실하게 살아왔지만, 그 모든 과정이 지금에 이르기 위한 말하기 수업이 아니었나 싶다.

강원국 ✕ 김민식 **말하기의 태도**

잘 들으면 관계도 좋아진다

강 —— 왜 사람들은 잘 듣지 못할까. 몇 가지 이유가 있다. 우선 말을 듣다 보면 할 말이 생각나 그걸 잊기 전에 말해야 한다는 조바심으로 상대의 말을 끊게 된다. 자기 경험이나 기준으로 섣불리 판단하고 결론을 내려 상대의 말을 자르기도 하고, 때로는 상대의 말에 반박하고 싶어 끼어들기도 한다. 또한 생각을 처리하는 속도가 말하는 속도보다 네 배나 빠른지라 다른 사람이 말할 때 자기 생각에 빠지기 쉽다. 게다가 내가 다음에 얘기할 내용을 찾느라 상대의 말을 허투루 듣기도 한다.

듣는 방식에도 차이가 있다. '귓등으로 듣는다'라는 말이 있듯, 듣는 시늉만 하는 사람이 있다. 그런가 하면 상대를 평가하듯이 면접관처럼 듣는 사람도 있다. 또 어떤 사람은 상대 말에 토를 달면서 까칠하게 듣기도 한다. 자신에게 필요한 내용만 부분적으로 선택해 듣는 사람도 있고, 추임새를 넣어 가며 적극적으로 공감하며 듣는 사람도 있다. 당신은 어떤 유형인가?

나는 말을 잘 듣는 사람이다. 잘 듣는다는 의미는 두 가지다. 말귀가 밝다는 것이 그 하나다. 남의 말을 귀담아듣고 그 의미를 잘 이해한다. 다른 하나는 시키는 일을 잘한다는 뜻이다. 흔히 지 않으려고, 인정받기 위해 열과 성을 다한다.

잘 들으면 얻는 게 많다. 잘 들으면 다른 사람이 알고 있는 지식과 정보를 얻을 수 있다. 선생님 말씀을 들으면서, 친구나 가족과 대화하면서 많은 것을 알게 된다. 사람들은 또한 자기 말을 잘 들어주는 사람을 좋아한다. 나는 일찌감치 그 사실을 알았다. 말을 잘하는 것보다 잘 듣는 것이 호감을 사고 좋은 관계를 만드는 길이라는 걸 말이다.

직장생활하면서 더 확실하게 알게 됐다. 잘 들으면 알 수 있고 잘 알면 일도 잘할 뿐 아니라 불안하거나 답답하지 않고, 사람들과의 관계도 좋아진다.

한 마디도 놓치지 않고 듣는 법

강— 나는 그저 듣기만 한 게 아니다. 잘 받아 적었다. 초등학교 시절 아버지가 형과 나를 데리고 부여로 여행을 갔다. 수첩을 들고 따라온 나를 보고 아버지가 동생을 본받으라며 형을 나무랐다. 형에게 미안하면서도 속으로 으쓱했던 기억이 있다.

듣기만 하면 잊기 십상이다. 적어 둬야 기억할 수 있다. '적자!

생존'이란 말도 있지 않은가. "적는 사람이 살아남는다"고. 말하는 사람은 받아 적는 사람을 보면 기특하다. 자기 말을 하나라도 놓칠세라 부지런히 받아 적는 사람을 싫어할 리 있겠나.

청와대에서 일할 때 대통령의 말씀을 받아 적는 일이 많았다. 대개 세 부류의 사람이 있었다.

- 대통령의 말씀을 깨알같이 다 받아 적는 유형
- 요점만 받아쓰는 유형
- 자기 생각을 적는 유형

나는 마지막 유형에 신뢰가 갔다. 그런 부류가 대통령에게 도움이 되는 사람이라고 생각했기 때문이다. 대통령의 말씀을 그대로 받아 적는 것은 시키는 일을 잘하겠다는 의지의 표현이다. 그에 비해 자기 생각을 적는 사람은 대통령의 말을 충분히 소화하고 자기화한 경우다. 그런 사람이야말로 대통령이 미처 생각하지 못한, 대통령 생각의 빈틈을 채워 줄 수 있다.

물론 내가 그랬다는 것은 아니다. 나는 노트에 머리를 처박고 깨알같이 받아 적는 사람이었다. 대통령의 말씀을 한 마디도 놓치지 않겠다는 불퇴전의 각오로 받아 적었다. 대통령을 향한 충성심을 그렇게 보여 주고 싶었다. 대통령의 말씀 한 마디 한 마디를 금과옥조로 여긴다는 표시로 날이나. 또 그래아 대통령과 눈을 미주치지 않을 수 있다. 대통령의 돌발 질문을 받는 절체절명의 위기 상황을 미리 방지하려면 머리를 들지 말고 받아 적어야 한다.

무엇보다 잘 들으면 상대의 요구나 욕구, 감정 따위를 잘 파악할 수 있다. 그걸 잘 파악하니 잘 맞춰 줄 수 있고 잘 맞춰 주면 상대와의 관계가 좋아지고 인정도 받게 된다. 내 편이 많아지는 것이다. 경청이야말로 말하는 사람에 대한 최고의 예우이고, 가장 효과적인 아부다. 그뿐만 아니라 말하는 사람의 태도나 말하는 방식에서 교훈을 얻어 자기 말 수준을 높일 수도 있고, 잘 들어 줬으니 말할 기회도 얻는다.

잘 들어야 잘 쓴다

강 — 잘 들으면 잘 쓸 수도 있다. 청와대에서 글을 쓸 때 세 사람에게 듣고 썼다. 가장 먼저 대통령에게 들었다. 글을 써야 할 때만 듣는 걸로는 부족했다. 대통령 행사에 따라가서 듣고, 회의에 배석해서 듣고, 다른 사람을 통해서 전해 듣고, 대통령이 직접 구술해 주는 내용을 들었다.

다음으로는 전문가에게 들었다. 대통령도 모든 내용을 다 알 순 없다. 설사 알고 있더라도 전문가의 확인이 필요하다. 대통령의 말을 통해서는 글의 전체적인 흐름과 주제 정도를 파악하고, 구체적인 내용은 전문가의 도움을 받았다.

끝으로 대통령의 연설을 들을 사람에게 들었다. 예를 들어 '경찰의 날'이나 '무역의 날' 연설이면 경찰이나 무역인에게 듣고, 연설 주제가 환경이나 국방이면 환경단체나 군 관계자들에게 들었다. 대통령에게 무슨 얘기를 듣고 싶은지, 무엇이 궁금한지, 현안은 무엇이고, 숙원사업은 무엇이 있는지 파악해야 듣고 싶고 들어 볼 만한 연설문을 쓸 수 있다.

윤석열 대통령의 지지도가 바닥인 이유에 대해 소통의 부재라고 꼽는 사람들이 많다. 윤 대통령은 국민이 듣고 싶어 하는 말을 하지 않는다. 주로 자신이 하고 싶은 말만 한다. 문제를 해결하고 갈등을 조정하는 말이 아니라 문제를 야기하고 갈등을 조장하는 말을 한다. 그건 국민이 듣고 싶은 말이 아니다.

글은 내가 쓰지만 독자가 읽는다. 읽히는 글을 쓰기 위해서는 독자가 알고 싶고 듣고 싶은 내용을 써야 한다. 독자가 궁금해할 법한 질문에 답해야 하는 것이다. 또한 그 대답을 잘하기 위해서는 필자의 힘만으로는 부족하다. 전문가의 도움을 받아야 한다. 전문가에게 듣는 방법은 두 가지다. 유튜브나 오디오클립을 통해 듣는 것과 직접 찾아가 인터뷰하는 것이다.

기자들은 이 방식으로 대부분의 글을 쓴다. 자료를 참고하긴 하지만 주로 취재에 의존한다. 왜 그럴까. 그 방식이 효율적이기 때문이다. 투입하는 시간 대비 효과가 좋다. 기자들은 시시각각 기사를 써야 한다. 책을 읽고 사료를 찾아볼 시간이 없다. 가장 빠른 방법은 이미 그 내용을 잘 알고 최신 정보까지 파악하고 있는 사람에게 물어보는 것이다. 그리하면 취재 상대가 평생 공부하고 경험한 내용을 단박에 알아낼 수 있다. 얼마나 '가성비' 높은 방식인가.

상대를 존중하는 말하기와 듣기

강 — 나는 직장생활을 하는 동안 제안이나 건의나 주장을 해본 적이 거의 없다. 하고 싶은 말이 별로 없기도 했지만, 상대가 내 말을 어떻게 들을지 신경 쓸 때가 많았다. 그래서 상대가 듣고 싶어 하는 말만 했다. 노무현 대통령께서 "정치를 하면 자네는 하고 싶은 말이 뭔가?" 물어봤다. 나는 하고 싶은 말이 없다고 했다. 대통령은 "그러면 정치해선 안 된다"라고 했다. 그렇다. 나는 하고 싶은 말이 없었다. 대신 남들이 듣고 싶어 하는 말은 잘했다. 칭찬을 듣고 싶어 하면 칭찬을, 위로가 필요하면 위로를, 궁금해하는 것이 있으면 그것을 알려주는 말만 했다. 말의 무게중심이 상대에게 가 있었다. 그런 나를 싫어하는 사람은 없었다.

말솜씨가 화려하지 않았지만, 사람들에게 호감을 줄 수 있었

강원국 × 김민식 **말하기의 태도**

던 건 남의 이야기를 잘 들어 줬기 때문이다. 남들이 내게 기대하고 원하는 것이 무엇인지, 내가 무엇을 해야 남들이 만족하고, 나를 좋아할지 알기 위해 남의 말을 새겨들었다. 시도 때도 없이 상대의 의중과 기분을 살폈다. 그들의 마음을 알아야 그들 마음에 들 수 있기에 그랬다. 잘 들으면 그들 자신조차도 알지 못하는 욕구를 파악해 그들 마음에 들게 일할 수 있었다. 이처럼 상대의 말을 잘 들어 주는 것은 인간관계는 물론 성과에도 엄청난 영향을 미친다.

말하기와 듣기 이외에 하나의 무기가 더 있었다. 바로 침묵이었다. 침묵은 상대에게 말할 기회를 주는 행위다. 잘 듣겠다는 마음의 표현이기도 하다. 침묵으로 존재감을 드러내지 않으면 진중하다고 했다. 내게 온 기회도 침묵으로 양보하고, 내가 한 일도 침묵으로 남에게 공을 돌리면 다들 고마워했다. 결과적으로 주변 사람이 나를 남들에게 소개하고 추천해 주었다. 나는 말하지 않았는데, 내가 원하는 자리로 남들이 이끌어 줬다. 이렇게 침묵은 나의 최대 무기였다.

유시민 작가는 "모든 사람이 좋아하는 사람은 좋은 사람이 아니다"라고 말했다. 맞는 말이다. 사람은 제각기 다르다. 취향이 다르고 성향이 다르고 지향이 다르다. 이렇게 다른 사람 모두에게 좋은 사람은 있을 수 없다. 이 사람이 좋아하면 저 사람은 싫어하는 게 정상이다. 하지만 나를 싫어하는 사람이 별로 없다.

글을 쓰거나 인터뷰해도 나쁜 댓글이 거의 달리지 않는다. 유작가 말대로, 나는 좋은 사람이 아니다. 하지만 각각 다른 사람들의 성향과 요구에 맞춰 주기 위해 노력해 왔다. 특히 그동안의 경험을 통해 말하는 사람과 듣는 사람 역시 입장이 서로 다르다는 것을 알게 되었다.

말하는 사람은 내용에 가장 많이 신경 쓴다. 주제를 각인시키는 데 주안점을 두고 무엇을 말할까에 집중한다. 그것을 준비하는 데 공을 들인다. 말하는 사람은 이를 통해 듣는 사람에게 신뢰감을 주고 싶어 한다. 예를 들어 연설하는 사람은 자구 하나하나까지 세세하게 검토하고 퇴고한 후 연설문을 읽는다. '악마는 디테일에 있다'라고 믿기 때문이다.

그러나 그걸 듣는 입장에서는 답답하고 지루하다. 듣는 사람은 내용이 다소 부족하더라도 청중 반응에 호응하면서 친근하게 연설하기를 바란다. 또한 듣는 사람은 어떻게 말하는지에 더 관심이 많다. 말하는 자세와 태도, 옷매무새, 표정, 손짓, 말의 음색과 억양 등에 더 많은 주의를 기울인다. 그리고 자기와 관련 있는 내용이나 귀에 쏙 들어오는 한마디에 주목한다. 말하는 사람이 전하고자 했던 주제는 듣는 과정에서 실종되기에 십상이다.

말 잘하는 사람은 자기 말을 사람들이 주의 깊게 듣지 않을 때를 본능적으로 알아차린다. 그래서 사람들이 듣고 싶어 하는 말과 자신이 전하고 싶은 말을 오가며 밀고 당기기를 하면서 주의를 집중시킬 줄 안다. 이것이 어렵다면 그저 잘 듣는 것으로 충분하다. 말 잘하는 사람에게는 귀를 열고, 말을 잘 들어 주는 사람에게는 마음을 연다고 하지 않는가.

2장

말하는 태도가 바뀌면
대화가 달라진다

상대의 안색을 살피며 말하라

강 —— 자존감이 낮아서, 말을 안 해 버릇해서, 그냥 그렇게 말 못하는 사람으로 살 뻔했던 내가 말로 먹고살게 되기까지 참 많은 말을 들었다. 어쩌면 그 시절 그토록 다양한 사람들의 말을 묵묵히 들었던 것이 어떤 말을 어떻게 해야 사람들의 경청을 이끌어 낼 수 있는지 내게 가르쳐 주지 않았나 싶다.

말로 먹고사노라고 입찬소리를 하지만 나는 여전히 사람들 앞에서 말하는 게 서툴다. 강단에 설 때면 긴장되고 유난히 목이 타

물잔에도 평소보다 손이 많이 간다. 말하기에 앞서 생각을 가다듬는 데도 남들보다 곱절의 시간이 걸린다. 어느 모로 보나 달변가의 특징과는 거리가 멀다.

나는 자신을 말 잘하는 사람이 아닌 잘 말하는 사람으로 규정한다. 말을 잘하는 사람은 타고나야 한다. 언어 감각, 논리적 사고력, 공감 능력 등을 고루 갖춘 달변가여야 말을 잘한다는 소리를 듣는다. 각고의 노력으로 말을 잘하는 사람이 되긴 쉽지 않다.

그러나 잘 말하는 것은 노력하기 나름이다. 잘 말하고자 하는 사람은 실수하지 않고 말할 바를 다 말하면 된다. 공자는 세 가지만 지키면 잘 말할 수 있다고 했다.

— • 남이 말할 때 말을 자르거나 끼어들지 말고 잘 들어라.
  • 미리 할 말을 준비해서 말해야 할 때 그 기회를 놓치지 마라.
  • 말을 할 때 상대의 안색을 살피며 말해라. 다시 말해 분위기를 파악하면서 말하라는 거다.

이 세 가지만 지키면 말 못하는 사람도 잘 말할 수 있다. 더하고 뺄 것 없이 단순하지만 옳은 말이다.

청산유수로 말을 뽑아내는데도 빨리 자리를 뜨고 싶어지는 사람이 있는가 하면, 눌변인데도 조금이라도 더 이야기를 듣고 싶다는 생각이 드는 사람이 있다. 무 가지 요소가 이런 차이를 민든

다. 하나는 말의 무게중심을 자신에게 두느냐 상대에게 두느냐이
다. 자신에게 무게중심을 두는 사람은 자기의 억울함을 토로하며
후련해하고 자기 잘난 얘기를 하면서 뿌듯함을 느낀다. 상대방의
안색을 살피지 않고 분위기 파악도 전혀 안 하며, 앞에 앉은 사람
을 도구로 쓰는 것이다. 다른 하나는 그렇게 꺼낸 말이 실질적으
로 듣는 사람에게 보탬이나 도움이 되는지 여부다. 예컨대 내가
상대방에게 보탬이 되고 싶다는 마음으로 말을 하는데 정작 듣
는 사람에게는 도움이 전혀 안 되었다면, 그건 잔소리, 헛소리가
된다. 듣는 사람에게 무게중심을 두고 그 사람에게 도움 되는 말
을 해야 한다.

신뢰가 있으면 말에 힘이 생긴다

강 —— 나는 역대 대통령 가운데 말 잘하고 글 잘 쓰기로는 첫
손에 꼽히는 김대중, 노무현 대통령의 연설문 쓰는 일을 했다.
8년 동안 최고의 독선생을 두고 말과 글을 단련하는 행운을 누린
셈이다.

노무현 대통령의 말하기를 어떻게 봐야 할까. 그분이 말 잘하

강원국 × 김민식 말하기의 태도

는 대통령이라는 평가를 받은 데에는 여러 이유가 있겠지만 내가 생각하는 핵심은 '사랑'이다. 노무현의 말은 사랑에서 출발해 사물의 이치를 꿰뚫어 보는 지혜가 되었다. 나는 그것을 '예지의 말'이라고 부른다. 노 대통령이 늘 하던 말씀이 있다.

— 자신을 사랑하는 사람은 세상을 사랑한다. 세상을 사랑하는 사람은 사람을 사랑한다. 사람을 사랑하는 사람은 더 나은 세상을 꿈꾼다. 더한층 나은 세상을 만들기 위해 방도를 찾고 그것을 이루기 위해 사람들을 모으고 그들을 설득하고 그들과 힘을 규합해서 정책이나 무언가를 마련하여 보다 나은 세상을 만들어 나간다.

그가 남긴 행적을 거슬러 올라가 보면 출발점에는 항상 자신에 대한 사랑이 있다. 인간 노무현은 온 마음을 다해 자신을 사랑하는 나르시시스트였다. 말을 잘하고자 하는 사람은 누구나 그 지점에서 출발해야 한다고 본다. 자신을 사랑하지 않는 사람은 남을 사랑하지 못하고 세상을 사랑하는 데도 어려움을 겪는다. 자신의 가치와 의미를 정확히 알고 불필요하게 자기를 낮추지 않아야 말을 잘할 수 있다.

자신에 대한 사랑으로부터 출발한 마음은 두 갈래로 뻗어 나간다. 하나는 사람에 대한 애정이고 다른 하나는 일에 대한 열정이다. 결국 사람을 위하는 일을 하려면 일을 통해서 사람에 대한 사랑을 표현해야 한다. 일에 대한 열정과 사람에 대한 애정은 함께 가는 법이다. 대통령이면 대통령으로서 애정과 열정을 가지고 국민을 위한 일을 해야 한다. 노 대통령의 사랑은 거기서부터 시작된다. 이런 사람은 사람들을 위해 무슨 일을 해야 하고, 또 어떻게 해야 좋을지 늘 방도를 찾는다. 최선의 방도를 찾아내는 것이 중요하기 때문에 밤낮없이 궁리하고 고민하고 사색하고 사유한다. 그러한 사고 과정에서 노무현 대통령은 몰입, 연상, 융합의 세 가지를 적극적으로 활용했다.

첫 번째로 몰입은 화두를 붙들고 고민하는 것을 말한다. 그는 임기 내내 양극화라는 화두를 붙들고 있었다. 이 문제를 어떻게 풀어야 할까? 마치 스님들이 동안거(승려들이 음력 10월 15일에서 1월 15일까지 일정한 곳에 머물며 수도하는 것)에 들어가 하나의 화두를 붙들고 몰입하듯이 양극화라는 화두를 한시도 머리에서 떼어 놓은 적이 없었다.

두 번째는 연상이다. 몰입이 수렴적 사고라면 연상은 확산적 사고다. 수렴적 사고로 해법을 찾고 대책을 세운다면, 확산적 사고로는 창의적인 아이디어를 만들어 낸다. 가끔 노 대통령이 회의 시간에 멍하니 있는 것처럼 보일 때가 있었다. 책을 읽다가도 잠시 멈춰 가만히 있곤 했다. 눈동자의 초점이 흐려져 "대통령님!" 하고 부르면 화들짝 놀랄 정도다. 이럴 때 그는 두 가지 방향으로 생각을 뻗어 나가고 있었다. 꼬리에 꼬리를 물며 인과관계를 따져서 순차적으로 개연성을 만들어 나가는 직렬식 사고와 함께, 화두를 중심에 놓고 경제, 문화, 외교 등 여러모로 가지를 뻗어 나가는 병렬식 사고를 펼쳤다.

세 번째 융합은 쭉 수집해 온 조각들을 모아 연결하고 결합해 자기 것으로 만드는 단계다. 노 대통령은 늘 책을 읽고 토론하면서 배우는 걸 좋아했다. 지식이든 정보든 뭔가를 수집하고 입력하며 꾸준히 조각들을 모았다. 대체 어디에 써먹을 심산인가 싶은 것들을 차곡차곡 머릿속에 쌓아 두는데, 무엇에도 관련이 없거나 얼토당토않아 보이는 조각조차 이러저리 맞추다 보면 결국 연결될 때가 있었다. 전혀 관계없는 조각들이 한데 맞춰져 퍼즐이 완성되는 융합의 순간이 찾아오면 반드시 메모했다. 메모를 들여다보며 "됐네, 이렇게 하면 되겠어!"라고 어린아이처럼 해맑게 기뻐했다.

그렇게 탄생한 융합의 결과물이 단순히 조각들을 이어 붙였을 뿐이라면 물리적이라 할 수 있다. 조각들이 서로 합해져 따로 구별되지 않고 하나가 되는 화학적인 것, 완벽히 융해되어 전혀 새로운 것이 만들어졌다면 생물학적이라고 볼 수 있다. 생물학적 수준의 융합이 이루어져 온전한 자기 것을 얻어 낼 때면 노 대통령은 너무 기분이 좋은 나머지 누군가에게 빨리 이야기하고 싶어 안달이었다. 잘 모르는 사람들은 노 대통령이 세간의 여론에 지나치게 휘둘려서 분주했다고들 하는데 그건 아니라고 단언할 수 있다. 예정에 없던 춘추관 방문은 본인이 찾아낸 무언가를 한시라도 빨리 사람들에게 말로 전하고 싶었기 때문이다.

노 대통령 곁에서 줄곧 지켜보며 든 생각은 나와는 너무 다른 사람이라는 것이었다. 나는 기본적으로 사람을 사랑하지 않는다. 사랑이 없는 사람은 고민하지 않는다. 남을 위한 방도를 찾지 않는다. 동식물이나 생태, 환경에도 큰 관심을 두지 않는다. 그러니까 노 대통령과 같은 수준의 몰입이나 연상, 융합을 할 수가 없다.

노 대통령이 재치 있게 받아칠 줄 알고 촌철살인에 능하며 순발력이 뛰어나다는 것은 그의 말의 특질일 뿐 본질이 아니다. MBC에서 제작한 다큐멘터리 〈노무현 대한민국 대통령〉을 보면 국무회의 도중 티타임을 가지면서 생태통로에 관한 이야기를 주고받는 장면이 나온다. 국무위원이 차도 아래나 위쪽으로 생태통로를 만들자는 아이디어를 내자 노무현 대통령이 "이상하게 어려운 얘기를 하시네"라고 말한다. 동물이 다니는 길은 그대로 두고 사람이 땅 밑이나 위로 다니면 되지 교육도 안 받은 동물에게 너희는 땅 밑이나 도로 위로 다니라고 하면 어디 넙죽 "네, 그러겠습니다" 하겠느냐고.

노 대통령은 예산만 넉넉하다면 도로로 끊긴 생태통로를 복원하고 사람들이 고가로 다니도록 하고 싶다고 했다. 대통령이 되기 전부터 해 온 생각이었다. 사람을 사랑하는 사람은 동식물 또한 사랑한다. 그러한 사랑이 환경을 대하는 마음과 생태를 복원하고자 하는 구상으로까지 이어진다.

세상에는 방도를 찾는 일은 잘하지만 팔아먹는 재주를 갖추지 못한 사람도 많다. 어찌어찌 나름의 방도를 찾아낸다 해도 그것을 사람들에게 설득력 있게 전달하지 못한다. 제아무리 좋은 방도를 알아내더라도 그것을 써먹기 위해서는 다른 이들을 말로 설득해야 한다. "당신 말이 맞네. 그렇게 하면 되겠네"라는 말을 들을 수 있어야 한다. 노 대통령의 말이 설득력이 있었던 건 근거와 논리, 신뢰에 기반을 뒀기 때문이다. 누군가를 설득하려고 할 때 가장 중요한 것이 단단한 근거다. 노 대통령은 자신이 알고 있는 팩트와 수치, 경험과 사례에서 근거를 찾는 데 많은 시간을 쏟았다. 끊임없이 공부해 근거를 쌓아 올렸다.

근거를 충분히 모은 다음에는 논리를 만들었다. 이는 자기가 가진 많은 근거 가운데 취사선택해 위계질서를 세우는 작업이다. 괜한 욕심에 잘 버리지 못하고 쌓아만 두는 사람들이 많은데 노 대통령은 과감하게 버릴 줄 알았다. 그러고 나서 총론을 세우고 총론의 각론을 만든 다음, 각론에도 총론과 각론을 만들어 어순을 다듬는 과정을 거치다가 결국 말의 흐름을 만들어 냈다. 우선 순위를 고려해 질서를 잡는 것, 그것이 바로 논리다.

이렇게 구축한 근거와 논리에 신뢰를 더해야 설득력이 생겨난다. 사실 어떤 말이 갖는 설득력은 그 말 자체에 내제해 있다기보다 누가 말했느냐에 크게 좌우되곤 한다. 노무현의 말이라고 하면 노무현을 믿고 따르는 사람들은 이를 수용한다. 대중은 그가 경험한 인생과 살아온 이력을 통해 그의 사람됨을 감지하고 신뢰를 보낸다. 유능하고 따뜻한 사람이라는 신뢰가 바탕이 되었기에 노무현의 말에는 힘이 있었다.

귀를 열면 마음의 벽도 허문다

김 — 사람은 언제 말을 잘하게 될까? 하고 싶은 말이 있어야 말을 잘하고 싶다는 욕심이 생긴다. 그 욕심이 있어야 상대방의 마음을 읽고 경청하는 자세도 생긴다. PD로 오래 일했지만 나는 공적인 발언을 거의 해 본 적이 없었다. 그러다 세상 사람들에게 하고 싶은 말이 생겼다.

2012년 170일간 MBC 파업을 할 때였다. 노조 부위원장이었던 나는 시민들에게 MBC 파업에 대해 알리고 싶어 마땅한 방법을 찾고 있었다. 시민들과 함께하는 파업 홍보 행사를 준비하는데, 행사 MC 섭외를 담당한 나에게 주위 사람들이 입을 모아 당시 인기 팟캐스트였던 〈나는 꼼수다〉의 멤버들이 적격이라고 추천했다. 장충체육관에서 제법 큰 규모로 행사가 열렸고 김어준, 주진우, 김용민(정봉주는 당시 수감 중이라 참석할 수 없었다)이 와서 사회를 봤다. 섭외할 때만 해도 속으로 MBC에 말 잘하는 사람이 얼마나 많은데, 기자도 있고 앵커도 있고 아나운서도 있는데 굳이 외부 사람을 데려와야 하나 싶었다. 결국에는 부르길 잘했다고 고개를 주억거렸다.

그 시절 이들의 인기는 그야말로 하늘을 찌를 정도였다. 이유는 단순하다. 이들이 당대 대한민국에서 가장 말을 잘하는 사람들이었기 때문이다. 〈나는 꼼수다〉를 들으며 나는 사람들이 왜 이들에게 열광하는지 깨달았다. 비결은 다름 아닌 경청이었다.

〈나는 꼼수다〉 멤버들은 시민들이 내는 목소리에 귀를 기울이고 마음의 흐름을 읽었다. 사람들이 무엇에 분노하고 그 분노가 어디로 향하는지를 유심히 관찰하고 지켜보았다.

노 대통령의 '예지의 말'이 사람에 대한 사랑에서 나오듯이, 사람을 사랑하는 사람들은 타인의 이야기를 귀담아듣고 그들의 고민을 들여다본다. 다른 사람의 고통이 내 것인 양 공감하고 함께 앓다가 이 사람들의 괴로운 사정을 해결해 주기 위해 내가 할 수 있는 일은 없을까 고민하고 행동을 모색한다. 바로 이러한 점에서 노무현 대통령과 〈나는 꼼수다〉 멤버들은 닮았다.

5공 청문회 때 노무현 대통령이 어떻게 행동했는지 떠올려 보라. 다들 전두환한테 뭐라도 한마디하고 싶은데 선뜻 입을 못 떼고 미적거렸다. 그 순간 국민이 듣고 싶었던 말을 속 시원하게 해 준 사람이 국회의원 노무현이었다. 〈나는 꼼수다〉 멤버들 또한 평소 여러 사람의 이야기를 주의 깊게 듣고 그들이 하고 싶어 하는 말, 듣고 싶어 하는 말을 대신해 주는 사람들이었다. 〈나는 꼼수다〉를 들으며 가슴이 뻥 뚫리는 기분을 맛본 것은 이 때문이다.

그날 장충체육관에서 주진우 기자가 말했다.

"제가 여러분들을 위해서 김재철을 치는 자객이 되겠습니다."

그 자리에 모인 사람들 모두가 물개 박수를 치며 환호했다. 파업에 참여한 조합원들의 목표는 당시 MBC 사장으로 있던 김재철을 물러나게 하는 것이었다. 우리가 그토록 듣고 싶어 한 얘기를 딱 해 줬던 거다. 그 말을 들으며 반색하는 한편으로 이런 생각이 들었다. 김재철은 우리의 악당인데 이 악당을 해치우기 위해서 왜 외부 자객의 손을 빌려야 한단 말인가?

2012년 파업의 끝은 참담했다. 누구는 해고되고 누구는 한직으로 쫓겨나고 단 한 사람도 빠짐없이 힘든 시절을 겪었다. 더군다나 다음 대선에서 박근혜가 대통령으로 당선되자 MBC는 더 깊은 나락으로 빠져들었다. 고통스러운 나날의 와중에 나는 결심했다. 나도 김어준이나 주진우처럼 말 잘하는 사람이 되겠다. 남의 말을 빌리지 않고 나의 말로 사장을 베어 넘기겠다.

하지만 그렇게 마음먹는다고 갑자기 말을 청산유수로 잘하게 될 리가 없다. 파업이 패배로 끝나고 유배지를 전전하며 나는 낭

인처럼 살았다. 후배들에게 면목이 없었고, 노조 집행부로서는 조합원들에게 면이 서지 않았다. 2012년 파업 이후 삶이 가장 힘들어진 친구들이 시사교양 PD와 기자들이었다. 그들은 나를 찾아와 하소연했다. 보도국에서 정부에 줄 선 기자 선배들 보고 못 참겠다고 느낀 친구들이 나를 찾아와 격정을 털어놓았다. 보도국 내에서 그런 얘길 하면 바로 불이익을 당할 수도 있으니까 다른 부서 사람인 나를 찾아온 것이다. 울고 싶은 사람은 다 나를 찾아와서 울었다. 온갖 부서의 후배들 이야기를 다 듣다 보니 어느새 내가 'MBC 통곡의 벽'이로구나 싶었다. MBC 정상화에 실패한 후유증은 길고 지난했다. 미안한 마음을 안고 후배들의 이야기를 계속 들었다.

그렇게 5년이 흘러 2017년이 되었다. 여전히 MBC는 망가진 채 표류하고 있었다. 이를 진두지휘하는 사람이 바로 김장겸. 2012년 대선 당시 MBC 보도국장이었던 그는 박근혜 국정 농단 때 보도본부장이었다가 사장 자리에 올랐다. MBC 뉴스를 망가뜨린 장본인이 사장으로 있는 한, MBC의 정상화는 요원했다. 통곡의 벽을 찾는 후배들의 발걸음도 끊이질 않았다. 그러던 어느 날 나는 화장실 가는 길에 복도에서 "김장겸은 물러나라"라고 크게 외쳤다.

내 안에 쌓인 수많은 후배의 이야기가 별안간 외침이 되어 터져 나왔다. 2012년의 다짐이 떠올랐다. 언센가 기회가 온다면 긴재철을 치는 자객이 되겠다던 다짐. 그 시절 김재철이 있던 자리에 김장겸이 서 있다. 칼집에서 녹슨 칼을 뽑아 든 심정으로 휴대폰 촬영 버튼을 눌렀다. 페이스북 라이브를 통해 "김장겸은 물러나라"라는 구호를 외치고 사장이 물러나야 하는 이유를 역설했다. 그 방송 내용이 화제가 되어 김어준의 〈파파이스〉와 〈뉴스공장〉, 김용민의 〈맘마이스〉 등에 출연했다. 개인의 소견을 페이스북에 올리는 정도에 그쳤다면 별다른 영향력을 미치지 못했을 텐데, 운 좋게 입소문을 타 많은 사람의 지지를 받았고 결국 김장겸은 사장 자리에서 내려오게 되었다(2023년 10월 재판 5년 만에 대법원에서 김장겸의 유죄 판결이 확정되었다).

진심으로 들어 주다 보면 상대의 마음이 열리는 말이 나오는 순간이 있다. 통곡의 벽이 되어 후배들의 이야기에 귀 기울이는 사이, 나도 누군가의 속을 뻥 뚫어 주는 말을 하는 사람이 된 것처럼 말이다.

말 잘하는 롤모델을 따라 하라

강 — 사람이 성장하려면 누군가를 닮고 흉내 내고 모방하고 배우고자 하는 마음이 있어야 한다. 대체 어떤 사람에게 그런 마음을 품게 될까? 내 경우에는 두 가지가 중요했다.

- 서로 지향하는 바가 같아야 한다. 달리 말해 나와 같은 편이어야 한다.
- 닮고자 하는 상대에게 매력이 있어야 한다.

이 두 가지가 맞아떨어지는 인물이 내겐 유시민이다. 단순히 유시민의 역량 때문이 아니라 나와 생각하는 바가 닮았고, 지향하는 바가 같았으며, 남들이 재수 없다고들 하는 부분마저 내겐 매력적으로 느껴지니 저 사람을 본받고 싶다는 생각이 들지 않을 수 없다.

한마디로 유시민은 나의 벤치마킹 롤모델이다. 유시민이 부럽고 유시민처럼 말하고 싶다. 그러려면 나는 유시민에게서 뭘 배워야 할까? 그의 강점은 무엇이며 그가 지닌 역량은 어떤 것일까? 시간을 두고 분석한 결과, 유시민처럼 말하려면 다음의 여섯 가지를 갖춰야 한다는 사실을 알았다.

첫째, 입력을 많이 해야 한다. 책도 읽고 좋은 자료를 접하고 사람들과 토론도 하면서 머릿속에 내용물을 충분히 입력해야 한다.

둘째, 이해해야 한다. 여기서 이해란 "무슨 말인지 알겠어"가 아니라 내가 읽고 들은 내용을 내 말로 표현할 수 있느냐와 관련이 있다. 입력한 내용을 내 방식대로 출력할 수 있을 때 비로소 참된 이해가 이루어진 셈이다. 그런 경지에 이르려면 입력한 것을 말할 기회를 많이 가져야 한다.

셋째, 요약할 줄 알아야 한다. 단순히 줄이고 쳐내고 다듬는 수준을 넘어서 한마디로 정리하는 능력을 길러야 한다. 이는 최근에 일어난 사건이나 현상을 한 문장으로 정의 내리는 힘이자, 프레임을 만들고 판을 짜는 능력이다. 요약하는 능력이 있는 사람은 어떤 현상에 대해 "나는 이번 일을 이렇게 본다"라고 자기만의 문장으로 말함으로써 이슈를 규정하고 선점하는 힘을 발휘한다.

넷째, 행간을 읽어야 한다. 사람들이 보지 못하는 현상 이면의 배후나 경위, 의미를 읽어 내고 다른 사람이 미처 생각하지 못한 배경이나 맥락을 추론하는 능력을 갖추어야 한다. 쉽게 말해 말과 글에 나와 있지 않은 생각과 감정을 읽어 내야 한다.

다섯째, 읽어 낸 행간을 해석하고 해설할 줄 알아야 한다. 이는 압축하고 규정하는 작업인 요약과는 반대로 살을 붙여 설명하는 과정이다. 기막힌 비유나 적절한 인용을 활용해 단번에 이해할 수 있도록 설명하는 능력이 뒷받침돼야 한다.

여섯째, 비판하는 능력을 갖추어야 한다. 이는 해석까지 끝마친 상태에서 어떤 것이 옳고 어떤 것이 잘못됐는지 비판적 의견을 더해 결론을 내리는 일이다. 지금껏 이야기한 여섯 가지 능력

가운데 입력하고 이해하고 요약하고 추론하고 해석하는 능력은 사실 듣기의 일환이다. 내 것이 아닌 남의 것이란 범주에 있는 것이다. 비판만이 오롯이 내 것이라고 할 수 있다.

중요한 건 내 안에 말을 잘하고자 하는 열망이 있는 것이다. 말을 잘하고 싶은 사람이라면 우선 자신에게 적합한 롤모델을 찾는 게 좋다. 롤모델을 찾아 그의 말을 반복적으로 들으면서 저 사람처럼 되고 싶다는 열망을 불태워라. 꾸준히 공부하고 배운 것은 꼭 써먹어라. 다만 배운 것을 써먹을 때 몇 가지 명심해야 할 점이 있다.

첫 번째, 내 말을 잘 들어 주는 사람을 찾아라. 내 편을 찾아가서 얘기해야지 굳이 적진에 뛰어들 필요가 없다. 어웨이 게임을 하려 들지 말고 홈그라운드에서 실력을 키우자. 그래서 나는 유시민처럼 적진을 향해 '돌격 앞으로' 하지 않는다.

두 번째, 잘 아는 콘텐츠를 다뤄라. 솔직히 이제 와서 내가 아무리 공부한들 유시민만큼 시사 상식이 풍부하고 교양 지식이 있고, 역사에 해박해질 수야 있겠는가. 나는 고전도 별로 읽지 않았다. 스스로 잘 알지 못하는 콘텐츠에 섣불리 덤벼드는 건 자제하는 편이 좋다.

세 번째, 자기가 잘할 수 있는 방식으로 시도해라. 우리나라에서 토론 잘하기로 손꼽히는 유시민이랑 내가 토론한다고 가정해 보자. 어림 반 푼어치도 없다. 나는 자신과 나른 유형의 사람들을 마주할 때면 전투력이 급상승하는 유시민의 모습을 여러 차례 본 적이 있다. 유시민이 토론으로 나를 제압하기란 어른이 아이 팔을 비트는 것만큼이나 쉽지 않을까. 눌변에 순발력도 부족한 나는 도저히 그의 상대가 되지 못한다. 그가 하는 방식까지 빼닮으려 하지 말고 내게 맞는 방식을 찾아야 한다.

가만 보니까 나는 일방적으로 이야기하는 강연 형태의 말하기는 꽤 능숙한 편이다. 유시민의 강연을 들어보니까 내 수준보다 크게 높아 보이지 않았다. 그런 제반 사정을 종합적으로 고려한 끝에 내 말을 잘 들어 주는 사람들을 찾아서 내가 잘 아는 콘텐츠로 강연을 하면 승산이 있겠다는 결론을 내릴 수 있었다.

결국 말을 잘한다는 건 남과 다르게 말한다는 것이다. 남들이 하는 말을 앵무새처럼 따라 하고 있으면 사람들이 귀 기울여 주겠는가. "유시민이라고 하는 사람을 닮고 싶어. 저 길을 가고 싶어"라고 하지만 그 길의 끝에 이르러 완성하는 것은 강원국다움이어야 한다. 끝에 가서 자기 자신을 만나지 않으면 누군가의 아류가 될 수밖에 없다. 열등감에서 벗어나려면 언젠가는 남들이 가지 않은 길을 가야 한다. 스스로 자신의 장단점을 파악하고 적절한 포지셔닝을 통해 나만의 브랜드, 나다움을 만드는 일이 무엇보다도 중요하다. 그러나 처음 시작은 누군가의 등을 보며 쫓아가는 게 큰 도움이 된다. 흉내 내고 닮고 싶은 롤모델을 찾는다는 것은 말을 잘하고자 하는 욕망이 내 안에 있다는 뜻이니, 그런 욕망 자락을 붙들고 동기부여해야 한다.

3장

말 잘하는 사람은
자기 말을 한다

귀 기울여 들으면 생각이 정리된다

김——— 고전 평론가 고미숙 선생님을 처음 만난 건 어느 인문학
특강에서였다.

—— 존재감이란 몸과 마음의 교집합이다. 몸이 있는 곳에 마음이
온전히 함께한다면 존재감은 100이고, 마음이 다른 곳에 가 있
다면 그 사람의 존재감은 미미해진다. 존재감을 키우는 방법은
간단하다. 몸이 있는 곳에 마음을 붙들어 매거나, 마음이 향하

는 곳으로 몸을 보내야 한다.

2012년 당시 나는 MBC에서 존재감이 없는 사람이었다. 파업 후 회사에서는 나를 투명 인간 취급했다. 드라마국으로 옮겨간 2008년부터 3년 동안 네 편의 드라마를 만들며 바쁘게 지내다가 2011년 이후 아무런 일이 들어오지 않자 마음이 힘들었다. 그러나 회사에서 나를 아무리 핍박해도 나는 회사를 떠날 생각이 없었다. 박근혜 정부 시절, 경영진은 나를 미워했지만 나를 좋아하는 동료들이 많았다. 그렇다고 내게 기회를 주지 않는 회사만 바라보고 있을 수는 없어서 퇴근한 후엔 내 마음이 향하는 곳으로 내 몸을 보내 주었다. 그곳이 바로 고미숙 선생님이 계시는 '감이당'이었다.

고미숙 선생님은 30대 후반 박사학위를 받았지만, 취업에 실패했다. 교수 임용에 매달리는 것보다 경제적 자립과 배움이 가능한 공간을 만들겠다는 신념으로 공부 공동체를 열어 집단적인 공부를 해 왔다. 20년이 넘는 동안 그 공동체는 '수유+너머'를 거쳐 '감이당'으로 진화했다. 불러 주는 곳이 없으니 직접 가르칠 공간을 만든 것이다. 나는 고미숙 선생님의 삶의 자세를 배우고 싶었다. 《읽고 쓴다는 것, 그 거룩함과 통쾌함에 대하여》에서 이런 말씀을 남겼다.

— 나처럼 평범하기 이를 데 없는 사람도 할 수 있다면 누구라도 할 수 있지 않을까? 무엇보다 '지금도 좋고 나중에도 좋은' 일이 글쓰기 말고 또 있을까? '이생에도 좋고 다음 생에도 좋은' 일이 글쓰기 말고 또 있을까? 결정적으로 '나에게도 좋고 남에게도 좋은' 일이 글쓰기 말고 또 있을까?

선생님의 글을 읽고 결심했다. 그래, 회사에서 일을 주지 않는다면 그동안 나는 글쓰기로 나를 수양해야겠다. 무슨 일이든 다 그렇지만 글쓰기를 잘하려면 매일 꾸준히 써야 한다. 하지만 막상 매일 쓰자니 나에게는 그럴 만한 이야기가 없었다. 어떻게 할까? 그 답도 스승님에게서 얻었다. 책을 읽고 그 내용에 대해 글을 쓰는 것이다.

— 읽기와 쓰기는 동시적이다. 읽은 다음에 쓰는 것이 아니라 쓰기 위해 읽는 것이다. 아니, 그래야 한다. 쓰기가 전제되지 않고 읽기만 한다면, 그것은 읽기조차 소외시키는 행위다. 그런 읽기는 반쪽이다. 책을 덮는 순간 물거품처럼 사라져 버린다.

감이당에서 나는 고미숙 선생님과 함께 박제가의 《정유각집》을 읽고 토론하는 세미나에 참석했다. 그때 선생님을 보고 깨달은 게 있다. 고미숙 선생님은 책을 쓰기 전에 학인들과 함께 6개월 이상 세미나를 하며 이야기를 나누었다. 어려운 고전을 여럿이 함께 읽으면서 각자 읽고 느낀 점을 토론했다. 선생님은 함께 공부하는 사람들의 말을 귀 기울여 들으며 자기 생각을 정리했다. 말을 할 때도 늘 심혈을 기울여 사람들의 반응을 살피며 자기 말을 다듬었다. '아, 이래서 선생님의 책이 간결하고도 명확하구나.' 혼자 골방에 틀어박혀 글을 쓰는 게 아니었다. 공부 공동체에서 《열하일기》든, 《동의보감》이든, 《주역》이든 한 권의 책을 놓고 여럿이 세미나를 하며 이야기를 나누고 다양한 의견에 귀를 기울이며 선생님만의 공부를 단단하게 다져온 것이다. 말을 잘하는 사람은 결국 누군가에게 내가 아는 것을 잘 설명할 수 있다는 것이다. 여럿이 함께 공부하며 어떻게든 말을 하는 기회를 마련하고 그 과정을 반복하며 머릿속 생각을 정리하는 법, 고미숙 선생님과 6개월간 세미나를 하며 그걸 배웠다.

책을 읽고 글을 쓸 때 나는 행복하다. 몸과 마음이 한 곳에 함께 있기 때문이다. 강연을 다닐 때면 나는 즐겁다. 사람들에게 하고 싶은 이야기를 나의 말로 전하며 생각을 다질 수 있기 때문이다. 사람들의 질문에 귀를 기울이며 나는 성장한다. 세상 사람들이 지금 이 순간, 필요로 하는 것이 무엇인지 배울 수 있기 때문이다. 이게 가능하게 된 건 삶이 힘들 때 책을 통해 만난 스승님 덕분이다. 스승님의 강연도 듣고, 스승님이 계신 곳으로 찾아가 세미나에 참여하며 배움의 시간을 가졌다. 이렇게 마음이 향한 그곳에서 듣고 말하는 사람, 읽고 쓰는 사람으로 거듭날 수 있었다.

내적 동기를 이끌어 내고 강화하는 사람의 말

김 —— 말 잘하는 사람이 되겠다고 결심한 나에게 영감을 주고 롤모델이 되어 준 또 한 분의 스승이 철학자 강신주 선생님이다. 2012년 파업은 170일 동안 진행되었다. 파업 프로그램 총연출을 맡아 행사 발언자 섭외에 나섰는데 여간 어려운 일이 아니었다. 외부에서 온 연사가 조합원들의 사기도 북돋워 주면 좋으련만, TV에 출연해 대중들에게 자신을 알려야 할 이들에게 방송사 노조 지지 방문은 어림없는 일이다. 경영진에게 미운털 박히기 딱 좋으니까.

그때 집회 현장을 찾아 준 이가 강신주 선생님이다. 선생님이 조합원들 앞에서 마이크를 쥐고 한 첫마디에 모두 기겁했다.

"그래서 여러분은 청부 폭력배입니까? 언론사 직원입니까?"

처음에는 이게 뭔 소린가 싶었다. 선생님은 학교 교사들을 상대로 강연할 때도 비슷한 질문을 던진다고 했다.

"여러분은 유괴범입니까? 스승입니까?"

아이를 볼모로 부모한테 돈을 뜯어내면 유괴범이고, 아이를 가르치는 일이 천직이라 여겨 열심히 가르쳤을 뿐인데 나라에서 월급도 준다면 그 사람은 참 스승이라는 거다. 방송하는 사람들도 마찬가지 아니냐며 당신들이 권력의 편에 서서 약자를 짓밟으면 돈 받고 폭력을 행사하는 청부 폭력배이고, 약자의 편에 서서 강자와 맞서 싸우면 진정한 언론인이 된다고 말했다. 그 말을 듣는 순간 등줄기를 타고 소름이 쫙 돋았다. 저 사람처럼 파업 집회에 참석한 사람들의 역할을 한마디로 정의하는 힘 있는 말을 하고 싶다고 생각했다.

나는 그의 강연을 비롯해 출연한 방송까지 모조리 찾아보았다. 예전에 김어준이 진행한 라디오 〈색다른 상담소〉에 '강신주의 다상담'이라는 코너가 있었다. 그 방송분을 들으며 강신주 선생님은 거리의 철학자로 활동하면서 쌓은 경험이 강점이 되었다는 사실을 깨달았다. 철학 박사 학위를 받고 교수를 하면서 대학에서 학생들을 상대로 한 강의만 했다면 다양한 사람들의 이야기를 들을 기회를 누리지 못했을 것이다. 선생님은 각급 학교를 방문해 교사들의 얘기를 듣고, 파업 집회에 찾아가서는 노동자들의 얘기에 귀 기울였다. 온갖 분야의 사람들을 만나 연애, 취업, 결혼, 육아를 비롯해 별의별 고민을 다 듣고 상담에 응했다. 저토록 대단한 말의 고수가 되기까지 얼마나 오랜 경청의 시간이 쌓였을까.

강신주와 같은 사람은 우리에게 내적 동기를 불러일으킨다. 만약 내가 말을 잘해서 승진도 하고 보너스도 많이 받고 싶다는 외적 동기로 접근했다면 지금처럼 잘 말할 수 있었을까? 내적 동기는 내가 말을 함으로써 주위에 도움을 주고 그 결과 스스로 성취감이나 효능감을 느끼는 것을 의미한다. 이러한 내적 동기를 이끌어 내고 강화하는 사람의 말을 듣다 보면 과거의 기억이 떠오르고 감정이 솟구치면서 머릿속이 분주해지고 나의 의견을 펼치고 싶어진다. 분노의 감정이 일거나 돌연한 깨달음이 찾아와 회개하기도 하고, 수치심을 느끼거나 반성하고 새로운 다짐을 하게 된다. 그런 말이 바로 각성의 말, 깨우침의 말이다.

어렵게 고민을 털어놓은 사람의 말을 들을 때는 무엇보다 거리 두기를 잘해야 한다. 말하는 사람은 자기 일이기 때문에 그 안에 깊이 빠져 있다. 자기에게 무게중심이 있어서 감정에 치우친다. 그럴 때 듣는 사람이 객관적으로 봐주는 게 중요하다. 많은 경우 해법이 그 문제에서 잠시 한 걸음 벗어나 거리를 두고 상황을 살펴볼 때 잘 보인다.

강신주 선생님은 파업에 지친 우리에게 객관화라는 지혜의 틀을 선물로 주었다. 당신이 아무리 잘난 방송사 언론인이라 해도 사회적 약자에 대한 배려가 없다면 힘센 놈들과 붙어 다니는 조폭이랑 뭐가 다르냐. 선생님의 뼈아픈 질문은 부패한 조직의 일원이 되어 쪽팔리느니 월급을 못 받아도 부조리에 맞서고자 했던 우리의 마음을 일깨워 주었다. 비록 그 싸움에서 이기지는 못했으나 내 안에는 꺾이지 않는 투지가 자라났다.

상대를 걱정하는 마음에서 우러나오는 정성

김 —— 깨우침의 말을 들으러 여기저기 돌아다녔다. MBC 파업 이후에 검찰로부터 업무방해 혐의로 징역 2년형을 구형받았다. 구속영장 심사를 두 번 받았는데 결국 기각되긴 했지만, 그 시간을 견디는 게 쉽지는 않았다. 그렇게 이명박 정권이 끝나고 이제 좀 살 만해지나 싶었는데 박근혜가 대통령이 되었다. 조합원이나 집행부 모두 넋이 나간 상태였다. 다시 5년을 어떻게 견뎌야 할지 막막했다.

또 한 번의 5년. 책을 읽고 강연을 들으며 버티는 것도 한계에 다다랐다. 드디어 내게도 그때가 온 것인가. 종교의 힘에라도 기대야겠다는 간절한 마음으로 법륜 스님의 강연회를 찾아갔다. 질의응답 시간이 돌아오자 누구보다 먼저 손을 번쩍 들었다. 나는 언론사 직원으로서 우리나라를 위해 가장 필요한 일이 공영방송 MBC의 정상화라는 믿음으로 열심히 싸웠는데 그 결과 비참한 처지에 놓였다. 이런 상황을 어떻게 받아들여야 하느냐고 스님에게 물었다. 법륜 스님은 말씀하셨다.

— 싸움의 동기는 어디서 나오는가? 이 세상이 싫어서 세상을 바꾸겠다며 싸우는 사람이 있고, 이 세상을 긍정해서 모두가 잘되기를 바라는 긍정의 마음으로 싸우는 사람이 있다. 당신처럼 부정의 마음으로 싸웠다가 제 뜻대로 안 되면 세상을 미워하게 된다. 왜 나는 사람들을 위해 싸우는데 사람들은 이상한 대통령을 뽑지? 그러고는 사람들을 미워하게 된다. 반대로 세상을 긍정하는 마음으로 싸우는 사람은 뜻대로 되지 않는다고 해서 좌절하거나 분노하지 않는다.

이날 큰 깨달음을 얻은 나는 법륜 스님이 운영하는 정토회 불교대학에 등록했다. 경전 공부도 하고 즉문즉설 강연에도 참석했다. 고단했던 시절에 스님의 말씀을 듣고 많은 위안을 받은 것도 컸지만 우리 사회에 힘든 사람이 정말 많다는 것 또한 알게 되었다. 아이들 때문에 힘들고 남편 때문에 힘들고 직장 상사 때문에 힘들어하는 사람들을 보며 '아이고, 내가 품은 고민은 고민도 아니구나' 하는 생각마저 들었다.

법륜 스님은 2008년부터 지금까지 즉문즉설을 이어오고 있다. 열린 공간에 모인 사람들이 즉석에서 말하는 고민을 듣고 그 자리에서 답을 한다는 게 쉬운 일인가. 더군다나 유튜브로 전 세계에 생중계하는 자리에서 수많은 사람이 듣고 공감할 수 있는 답변을 내놓기란 엄청난 부담이다.

페이스북에 친구들이 올리는 글을 보면 가끔 법륜 스님에 대한 반응도 호불호가 갈리는 걸 느낀다. 종교가 달라서 그럴 수도 있고 접하는 방식이 달라서 그럴 수도 있다. 즉문즉설이 행해지는 현장의 분위기가 유튜브 영상에서는 잘 전달되지 않는다는 것도 이유 중 하나다. 두 시간 넘게 이어지는 법회에서 많은 이들이 줄지어 스님에게 자신이 안고 있는 고민에 대해 답을 구한다. 그때마다 스님은 상대의 이야기를 경청하고 고민하며 답을 주신다. 질문자 중에는 자기 연민에 빠져 고민을 털어놓는 이도 있는데, 그럴 때 스님은 "그만하면 살 만한데 무슨 엄살이냐"라고 장난스레 면박을 주며 청중의 웃음을 유도한다. 현장에서 끝없이 이어지는 질문자의 푸념에 살짝 지친 이들을 배려한 것이다. 앞에 나온 질문자의 이야기는 쏙 빠지고 스님의 말씀 중 일부만 유튜브에 돌아다니니 오해가 생길 수도 있다. 그런 부담에도 불구하고 스님은 어떻게 그 많은 질문의 무게를 감당하며 즉문즉설을 지속하는 걸까?

스님이 쓴 《반야심경 강의》와 《금강경 강의》를 읽고 깨달았다. 불교는 수천 년 된 지혜의 보고다. 스님은 불교의 경전이나 선사들의 수행남을 읽고 현대사회에 맞추어 그 뜻을 알리는 일을 오랫동안 해 왔다. 스님 안에는 불교라는 커다란 지혜 주머니가 든 든하게 있는 거다. 오래된 고전이나 경전을 공부해서 얻을 수 있 는 깨달음이다.

　스님의 법회에 참석하며 또 하나 배운 게 있다. 스님은 답변을 마치면 반드시 질문자에게 답이 충분히 되었는지 물어본다. 질문 자가 부족하다고 느끼면 또 다른 예시를 들거나 다른 해법을 찾 아 말씀을 이어간다. 마음을 쓴다. 고민을 털어놓은 사람의 표정 을 살피며 어떻게든 그가 원하는 답을 주려고 최선을 다하는 거 다. 다른 사람의 일을 세심하게 살피고 진심으로 상대를 걱정하 는 마음에서 우러나오는 정성, 그것이 스님의 말씀에서 사람들이 얻는 답이자 위로가 아닐까.

사람과의 사이에 거리를 두는 '괜찮다'라는 말

강── 누군가의 말을 들었을 때 위로와 위안이 되었다면 그 게 바로 공감의 말이다. 우리 가운데 어떤 사람은 타인에게 공명 하고 공감을 불러일으키는 말을 함으로써 속 깊은 위로와 위안 을 전한다. 공감의 말을 하려면 우선 자기 스스로에 대한 이해가 전제되어야 하고 나아가서는 타인과 세상을 충분히 이해해야 한다. 자신을 이해하는 데에는 두 가지가 필요하다. 내 생각이나 감정을 말로 설명할 수 있으면서 그것을 수용할 수 있어야 한다.

스스로에 대한 이해를 바탕으로 다른 사람의 처지나 심정에 공감하고 세상의 구조적인 문제에 맞서는 사람들에게는 공통점이 있다. 이들의 사고방식이 비범할 정도로 긍정적이고 낙관적이라는 점이다. 이들이 처음부터 그렇듯 긍정적이었던 것은 아니다. 평범한 사람들이 그렇게 변화한 데에는 계기가 있게 마련이다. 개인적으로 크나큰 고난과 시련을 겪었지만, 고난이라는 자극과 자신의 반응 사이에 일정한 거리를 둠으로써 신변에 닥친 시련을 오히려 전화위복의 기회로 삼은 것이다.

대표적인 사례로《지선아 사랑해》를 쓴 이지선 이화여대 교수를 들 수 있다. 그녀는 교통사고로 전신 화상을 입었지만, 그 사고를 통해 자신이 누구인지 알게 되고, 사람과 세상을 향한 시선이 달라졌다고 말한다. 이지선 교수는 "이만하길 다행이다. 나는 운이 좋은 사람"이라고 입버릇처럼 말한다. 그녀는 시련이 찾아와도 거기에서 어떤 의미를 찾을 수 있을 테고 어려운 일도 결국에는 끝나기 마련이라며 긍정적으로 사고하고 감사하고 기뻐할 줄 안다.

이지선 교수를 만났을 때 나는 의외의 면모를 발견했다. 그녀는 사람과의 사이에 어느 정도 거리를 두었다. 나로서는 다소 차갑게 느껴지기도 했다. 들어주기 곤란한 부탁은 딱 잘라 거절하는 단호함도 인상적이었다. 자신을 충분히 수용하고 용납하는 사람은 타인을 대할 때 무작정 상대방에게 장단을 맞춰 주거나 끌려가지 않는다. 남들의 평가에 휘둘리거나 좋은 평가를 받으려고 눈치를 보지도 않는다. 그런 사람이 괜찮다고 말하면 정말 괜찮은 거다.

나는 그 부분이 유독 서툴다. 내가 거절하면 저 사람이 날 어떻게 볼까 걱정한다. 그래서 불만이 있어도 괜찮다 하고, 요구할 게 있어도 됐다고 말한다. 늘 다른 사람 눈치를 보느라 분주한 나에 비해서, 이지선 교수는 일방적으로 끌려가거나 맞춰 주지 않으면서도 눈치껏 남을 배려한다. 그때 깨달았다. 자기 자신을 잘 아는 사람은 거절해야 할 때 거절하고 거리를 둬야 할 때는 분명한 거리를 둔다. 이 교수 같은 사람이 공감의 말을 하면 진정한 위로를 받게 된다. 내 눈치를 보거나 비위를 맞추려고 하는 말이 아니라는 것을 느낄 수 있기 때문이다.

이지선 교수를 보면서 내가 '인에이블러(Enabler, 본인은 남을 도와주고 있다고 생각하지만 실제로는 남을 망치고 있는 사람)'구나 하는 생각이 들었다. 인에이블러는 네 가지 특징을 갖고 있다.

첫 번째, 누군가를 위한다며 간섭하고 안 해야 하는 말을 한다.

두 번째, 상대방을 있는 그대로 보지 않고 바꾸려고만 한다. 배우자나 연인을 자신의 취향에 맞게 바꾸려고 가스라이팅 하는 것이 대표적인 예다.

세 번째, 반드시 보상을 원한다. 내가 너한테 지금껏 어떻게 해줬는데 하면서 서운함을 드러낸다.

네 번째, 그러다가 끝에 가서는 아무 보상도 못 받고 스스로 번아웃을 겪게 된다.

평생 자식에게 얽매여 살아가는 부모들을 떠올려 보라. 애들이 성장해 대학에 들어가면 우울증에 걸리고 결혼까지 시키고 나면 지쳐서 나가떨어진다. 나와 아내가 그렇고 많은 부모님이 그렇게 살아가고 있다. 인에이블러들은 쉽게 판단하고 간섭하며 가르쳐서 올바른 길로 인도하려는 성향이 강하기 때문에, 자신이 상대방에게 도움이 되고 위로를 준다고 착각하곤 한다. 상대를 위한 과한 호의와 희생으로 관계를 망쳐서 어려움을 겪고 있다면 인에이블러에서 벗어나야 한다. 내가 위태로우면 주변도 위험해지는 법이니 나 자신부터 괜찮아지도록 살피자.

말 잘하는 사람은 자기 존중부터 한다

강 — 세상에는 자기 말을 하는 사람과 남의 말을 하는 사람이 있다. 남의 말을 하는 대표적인 사례로 뒷담화를 들 수 있다. 뒷담화에는 다음과 같이 세 종류가 있다.

- "내가 누구를 안다. 누구와 친하다"라면서 남 얘기만 하는 경우다.
- "누가 이렇다고 하더라. 누가 그랬다던데?"라며 남의 얘기를 전하는 경우다.
- "누구는 이런 흠이 있고, 이런 점이 잘못됐다"라고 험담하는 경우다.

물론 남의 말이라고 다 나쁜 건 아니지만 대부분의 뒷담화는 허세를 부리거나 특정인을 흠집 내려는 목적으로 이루어지기에 오래 들을 만한 것이 못 된다.

우리는 대화할 때 타인을 존중하는 태도를 가져야 한다고 생각한다. 그런데 타인을 존중하기에 앞서 자기 자신을 귀하게 여

강원국 × 김민식 말하기의 태도

기는 마음이 필요하다. 남의 말만 옮기는 사람들은 자신을 홀대하는 경향이 있다. 자신을 업신여기므로 자기 말의 가치를 귀하게 여기지 않고 남의 말에 기대려 하는 것이다. 처음 만났을 때 내공이 있어 보인다 싶은 사람들은 하나같이 말의 바탕에 자기 존중감이 깔려 있다. 그런 이들은 남 얘기도 안 하고 남의 말도 옮기지 않으며, 남에 대한 험담도 하지 않는다.

말을 잘하는 사람은 결국 자기 말을 하는 사람이다. 느리고 어눌하더라도 자기 말을 하는 사람에게 호감이 간다. 글을 쓸 때도 자기 얘기에서 출발하고, 남의 말을 인용할 때도 그 말이 나에게 어떤 깨달음과 교훈을 주었고 어떤 변화를 가져왔는지, 자신의 경험에 적용해서 내 얘기로 마무리 짓는다. 자기 삶을 산 사람이 자기 말을 하고, 좋은 삶에서 좋은 말이 나온다. 그 사실을 깨닫게 되면 그때부터는 말을 잘하는 게 아니라 인생을 잘 사는 것이 목표가 된다.

문제는 내가 잘 살고 있는지에 대한 확신을 얻기가 쉽지 않다는 것이다. 어떻게 살아야 잘 사는 건지 누가 알려주지도 않고 따로 검증이나 확인을 받을 수도 없으니, 나는 오늘도 책을 읽고 강연을 들으며 좋은 사람들의 이야기에 귀를 기울인다. 그렇게 읽고 들은 내용을 어떤 식으로든 내 삶에 접목하고 적용할 궁리를 한다. 자기 말을 하는 사람은 자신의 삶을 산다.

2021년부터 2023년까지 KBS 라디오 〈강원국의 지금 이 사람〉의 진행을 맡았던 강원국은 여러 분야의 다양한 사람들을 만나 인터뷰를 했다. 이 프로그램을 통해 그는 처음 만나는 사람에게서 들어볼 만한 이야기를 끄집어낼 수 있는 질문의 기술을 연마했다. 《영어책 한 권 외워봤니?》가 베스트셀러가 되면서 전국 방방곡곡을 다니며 도서관 강연을 해 온 김민식은 강연의 절반을 청중과의 질의응답에 할애한다. 즉석에서 받은 질문에 명쾌한 대답을 내놓는 데에는 그만의 비법이 있다. 대화의 기본은 질문과 대답이다. 대화의 질을 높이는 질문과 대답의 비밀을 파헤쳐 보았다.

PART 2

대화는
기술이 아니라
태도다

1장

말이 아닌 태도에
마음이 움직인다

자신을 낮추고 상대를 띄워 준다

강 — 잘 모르는 사람과 서먹한 상태에서 대화를 나누는 건 쉽지 않다. 특히 말주변이 없거나 낯을 심하게 가리는 사람이라면 더욱 힘들다. 사실 나도 그런 사람 중 하나였다. 그런데 신기하게도 방송 진행자가 되어 잘 모르는 사람을 인터뷰하는 일도 했다.

낯선 사람과 아주 짧은 시간에 깊이 있는 대화를 나누는 경험을 통해 터득한 인터뷰 노하우가 있다. 인터뷰를 잘하는 첫 번째

노하우는 사전 조사다. 인터뷰 대상과 주제에 관해 충분히 공부해야 한다. 나는 30분의 인터뷰를 위해 3시간 정도 그 사람에 관해 연구했다. 그 사람이 어떻게 살아왔는지는 물론이고, 그 사람의 전공 분야에 대해 어느 정도의 배경지식을 익힌다. 연극인이면 연극에 관해, 가수이면 그가 부른 노래를, 과학자면 그의 연구 분야에 관해 어렴풋이나마 알아야 한다. 소설가나 시인이 나오면 그의 소설이나 시 한두 편 정도는 알고 만나야 하는 것이다. 인터뷰 성공 여부는 여기에 달려 있다. 인터뷰하고 나서 "아, 그것을 물어봤어야 하는데…" 후회하지 않으려면 사전 조사를 토대로 질문지를 꼼꼼하게 작성해야 한다. 질문지는 빠트린 것도 뺄 것도 없어야 하며 중복도 피해야 한다.

두 번째 노하우는 아이스 브레이킹으로 서먹한 분위기를 깨는 거다. 인터뷰 초반 온에어 불이 켜지면, 출연자의 긴장을 풀어 줘서 자신이 방송 부스에 앉아 있다는 사실을 잊게 만들어야 한다. 이게 어느 정도 되느냐 여부가 인터뷰의 성패를 좌우한다. 아이스 브레이킹 질문에는 세 가지 유형이 있다.

- 상대방이 '가장 잘 아는 분야'를 묻는 것이다. 지금 하는 일이나 그의 관심 주제를 물으면 된다.
- '칭찬을 곁들여 최근 근황'을 묻는 것도 잘 먹힌다. 사전 조사를 하면서 최근 어떤 신상의 변화가 있었는지 찾아본다.

- 상대가 신나게 '자랑할 수 있는 거리'를 찾아 묻는다. 그런 질문을 하면 마치 기다렸다는 듯이 대답하며 인터뷰에 자연스럽게 녹아들게 된다. 어떤 질문을 하든 진행자가 자신을 낮추고 출연자를 띄워 주는 게 기본이다.

세 번째 노하우는 상대방의 답변에서 질문을 찾아내 꼬리를 물고 대화를 이어가는 것이다. 출연자의 대답에 대해 보충과 추가 질문을 할 수 있어야 깊이 있는 내용을 끌어낼 수 있고, 상대를 인터뷰에 빨려들게 할 수 있다. 그러기 위해 나는 작가가 질문 리스트를 주면 내 나름대로 스토리라인을 구성한다. 상대와의 대화에서 거쳐 가야 할 이정표를 세우고 목표 지점도 정한다. 목표 지점은 이야기의 결론이거나 청취자에게 영감이나 깨달음, 감동을 줄 수 있는 포인트다. 이것을 끌어내고 뽑아 올리는 게 인터뷰하는 사람의 임무다.

오래 듣고 짧게 말하라

강 —— 나는 낯을 많이 가린다. 친화력이 있는 스타일도 아니다. 인터뷰나 대화하는 데 있어 나보다 타고난 자질이 부족한 사람도 드물 것이다. 하지만 나는 잘 들어 주는 사람이다. 인터뷰나 대화는 잘 들어 주는 것만으로도 충분히 잘할 수 있다. 먼저 듣고 나중에 말하고, 많이 듣고 적게 말하는 것이 전략적으로도 유리하다. 상대로부터 더 많은 정보를 얻고 상대 생각을 안 뒤에 말할 수 있기 때문이다.

그런데 이게 뭐가 어렵다고 잘 안되는 걸까? 부질없는 우려 때문이다. 말을 안 하면 아무 생각도 없는 사람 취급당할까 봐. 또 뭔가 마음에 안 들어서 토라져 있는 줄 알까 봐. 그리고 원활한 대화를 위해서는 내가 먼저 말을 많이 해야 할 것 같은 조바심 때문이다. 이런저런 이유로 말을 하다 보면 결국 남의 말을 듣는 데 소홀해진다.

김대중 대통령은 생전에 손목시계, 책장, 화장실 벽에 '침묵'이라고 써서 붙여 놓았다. 그는 어린 시절 혼자 떠드는 아이였다고 한다. 남의 말을 자주 가로채는 습관 때문에 독선적인 아이로 따돌림을 당했다. 정치하면서 이런 단점을 고쳐 보려고 줄곧 노력했다. 그 해결책으로 찾은 것이 바로 침묵이었다. 그는《다시, 새로운 시작을 위하여》란 책에 이렇게 썼다.

— 대화의 요체는 수사학에 있는 것이 아니다. 상대의 말을 경청하는 심리학에 있다.

나는 인터뷰 프로그램을 진행하면서 여섯 가지 역할에 충실하려고 힘썼다.

첫째, 요약을 잘하는 것이다. 상대방이 길게 말한 것을 "이런 말씀이시죠?" 하면서 짧게 정리해 줘야 한다. 요약은 중요한 내용에 밑줄을 그어 복창하듯 반복해 줄 수도 있고, 몇 가지로 정리해 말할 수도 있으며, 핵심을 간추려 확인할 수도 있다.

둘째, 이야기가 주제에서 벗어나 곁가지를 치고 나갈 때 다시 붙들어 오는 것이다. 정신 바짝 차리지 않으면 어느새 샛길로 빠지고 만다. 그것도 무턱대고 잡아 올 순 없으니 틈을 봐가며 좋은 타이밍에 말꼬리를 다시 주제로 돌려야 한다.

셋째, 난해한 용어나 개념, 외국어 등을 구사하면서 어렵게 말할 때 그걸 쉽게 풀어 주는 것이다. 알아도 모른 척 "그게 무슨 뜻이지요?" 하면서 쉽게 설명해 달라고 한다.

넷째, 말하는 사람이 전하고자 하는 메시지가 모호하거나 추상적일 때, 구체적으로 말해 달라고 부탁한다. "예를 들어 말씀해 주시겠어요?"라고 물어서 답변을 명료하게 만들어 줘야 한다. 설령 내가 그 의미를 알고 있어도 누구나 알아들을 수 있게 구체화해야 한다.

다섯째, 상대방이 말실수를 하거나 문제가 있는 발언을 했을 때 즉시 바로잡을 기회를 주는 것이다. 방송 프로그램 진행자는 출연자가 한 말이나 행동에서 문제될 소지를 찾아내는 감수성을 갖춰야 한다. 인터뷰한 다음에 출연자의 이미지나 신뢰도가 올라가야 하는데 오히려 떨어지게 만든다면 전적으로 진행자 잘못이다. 인터뷰하는 동안 위기 징후를 발견하면 재빨리 이를 무마하거나 수습해 줘야 한다.

"방금 말씀하신 내용을 청취자들이 자칫 이렇게 오해할 수 있는데, 분명하게 다시 말씀해 주시겠어요?"

이렇게 반문해서 오해의 소지를 없애거나 실수를 바로잡을 수 있게 해야 한다.

여섯째, 긴말을 잘라 주는 것이다. 출연자가 신나서 이야기하다 보면 장황해질 수 있다. 한정된 시간에 원하는 이야기를 다 들으려면 잘라야 한다. 상대가 기분 나쁘지 않게 끼어들면서 다른 말로 전환해야 하는데 꽤 어려운 기술이다. 이를 방송 용어로 '절단신공'이라고 한다.

이런 여섯 가지 역할은 인터뷰뿐만 아니라 일상 대화에서도 상대의 이야기를 잘 들어 주는 데 긴요하다. 그러나 잘 들어 주는 것만으로는 2퍼센트 부족하다. 다음 세 가지 태도를 갖춘다면 부족함을 채울 수 있다.

- 묻어가려고 하지 말아야 한다. 투명 인간처럼 눈치나 보면서 대세에 묻어가지 않아야 한다.
- 얹혀 가면 안 된다. 내 것은 내놓지 않고 남의 것만 일이 기려

하지 말아야 한다. 대화의 주체로서 남들에게 뭔가 도움이 되는, 영양가 있는 소리를 해야 한다. 누군가의 힘이 돼야지 짐이 되어서야 쓰겠는가.

● 휩쓸리지 않아야 한다. 부초처럼 둥둥 떠다녀서는 안 된다. 어떤 대화가 오가든 올곧게 자기중심을 유지해야 한다. 그러기 위해서는 자기와의 대화가 필요하다. 남들이 말하는 내가 아니라, 주변에서 당신은 이래야 한다고 요구하는 내가 아니라, 진짜 나와 대면하는 시간을 갖고 자신의 중심을 잡아야 한다.

좋은 질문이 마음의 문을 연다

강 —— 상대에 대한 애정과 관심이 있어야 질문도 잘할 수 있다. 질문하는 방법을 배운다고 해도 상대를 알고 싶은 마음이 없으면 질문을 잘할 수 없다. 질문이 살아 있다는 건 무엇일까? 상대를 알고 싶다는 것이고 상대를 소중하게 여긴다는 증표다. 이런 질문을 통해 관계의 벽도 허물 수 있다. 살아 있는 질문을 하는 사람은 몇 가지 공통점이 있다.

첫째, 호기심이 왕성하다. 노무현 대통령과 해외 순방을 갈 때마다 보좌진들은 끊임없는 질문 공세에 시달렸다. 비행기에서 구름 아래 산맥이 보이면 그 이름을 알고 싶어 했다. 유적지에 가면 유물은 물론이고 국내에서는 볼 수 없는 나무와 새들의 정체도 궁금해했다. 그의 눈에는 모든 게 신기해 보이는 듯했다. 보고서를 읽을 때도 구두 보고를 받을 때도 질문이 그치질 않았다. "이게 왜 이렇게 됐지요?" "원인이 뭐지요?" "어떻게 해결하죠?" "다른 방법은 없나요?" "이대로 두면 뭐가 문제지요?" "앞으로 어떻게 될까요?" 온갖 것을 다 궁금해한다. 그가 던지는 짧은 질문과 오가는 답변을 듣고 있노라면 나조차 상대의 의중을 간파하고 일이 돌아가는 모양새를 파악할 수 있었다.

둘째, 주변 사람에게 관심이 많다. 특히 어렵고 힘든 사람을 주목한다. 단지 눈길만 주는 게 아니라 질문한다. 어떻게 도울까, 어떻게 하면 그 사람들의 삶이 나아질 수 있을까. 한마디로 사람을 사랑한다.

셋째, 역지사지 능력이 없으면 좋은 질문을 할 수도 없고 기대하는 답변도 얻을 수 없다. 사람은 저마다 다르고 각자의 사정이 있다. 그리고 자신이 우선이다. 상대를 알아주고 인정해 주지 않을 때 상대는 마음의 문을 닫는다. 피상적인 대화로 시간만 보내기 십상이다. 특히 인터뷰할 때는 상대의 처지를 충분히 이해한 상태에서 그 심정에 감정 이입해서 물어야 상대가 마음의 문을 열고 진심을 토로한다.

넷째, 공감력이 좋다. 공감력은 역지사지와 감정 이입을 넘어 그 사람에게 뭔가 보탬이 되고 싶은 마음이다. 나는 회사에서 공감력이 부족한 편이었다. 회장에게 이런 얘기까지 들었다.

"당신이 컨설턴트야. 왜 남의 회사 얘기하듯 말을 해? 심판이나 관객처럼 말하지 말고 선수가 돼서 직접 뛰라고."

나와 달리 공감력이 있는 사람은 자기 안에 갇히지 않고 연대 의식이 있다. 나를 다른 사람과 연결하고 공동체로 확장한다. '내 상사가 더 윗사람에게 꾸지람을 덜 듣고 칭찬도 받았으면 좋겠다'라는 간절한 마음으로 방도를 찾고 그것에 관해 질문한다.

'어떻게 하면 저 사람을 도울 수 있을까?'

'무엇을 해야 저 사람이 만족할까?'

질문은 예민한 감수성과 풍부한 공감력에 기반한다. 감정적으로 민감한 사람이 공감력이 좋고 공감력이 좋은 사람이 질문이 많다. 이성적이기보다 감성적인 사람의 질문이 더 섬세하고 이야깃거리가 풍성하다. 대개 남성보다는 여성이 질문을 잘한다. 남성은 리포트Report를 통해 문제를 해결하려 하고 여성은 라포르Rapport, 즉, 마음이 서로 통하는 신뢰 관계를 구축하려고 한다. 리포트에 해당하는 것이 사실과 주장이라면 라포르에 해당하는 것은 느낌과 정서다. 리포트는 설득이 목표이고 라포르는 공감이 목적이다. 좋은 질문은 리포트와 라포르 모두를 포함하고 있다.

라포르가 담긴 질문을 하는 게 나의 숙제다.

대화는 듣는 사람과 협력하는 담화다

강 —— 대화는 꼭 필요하지만 자주 만나 대화하다 보면 의도치 않게 선을 넘게 되고 관계가 틀어지기도 한다. 반대로 접촉하지 않고 대화하지 않으면 소원해지긴 할망정 오해를 살 일도 없다. 대화는 '고슴도치 딜레마' 같은 것이다. 온기를 나누기 위해서는 가까이 가야 하지만, 가까이 가면 가시에 찔리게 되니 말이다. 이런 딜레마를 극복하는 방법은 무엇일까. 나는 그 답이 태도에 있다고 생각한다. 대화에 참여하는 사람의 태도 말이다.

말은 귀로만 듣는 게 아니라 눈으로도 받아들인다. 자신 있는 자세, 확신에 찬 표정, 자연스러운 고갯짓, 적절한 손동작, 흔들리지 않는 시선 등이 순간순간 자신의 메시지를 전한다. 상대를 향해 몸을 약간 숙이고 상대의 눈을 보고 말하는 것은 기본이다. 팔짱을 낀다거나 한숨을 내쉬고 휴대폰을 만지작거리는 등의 행동은 대화를 망친다. 대화하는 태도에 그 사람의 인품이 배어 있다. 상대에 대한 배려심이 있는지, 사람에 대한 관심과 애정은 얼마나 큰지 태도가 말해 준다.

나는 인터뷰할 때 대본이 있지만 보지 않는다. 한번은 인터뷰 요청을 받고 간 자리에서 내가 대답하고 있는데 진행자가 계속 대본을 넘겨 보았다. 다음 질문을 체크하는 것이다. 인터뷰가 아닌 대화 자리에서도 시선을 마주치지 않는 사람이 적지 않다. 사실 기분이 나쁘다. '내가 우습나?' '나를 업신여기나?' 무시당하는 느낌이 들어 말하기 싫어진다. 질문할 때나 들을 때나 눈을 마주보는 게 중요하다. 리액션도 좋아야 한다. 이건 기본 매너다.

목소리 크기와 말의 속도도 중요하다. 누구에게 말하느냐에 따라 말의 크기와 속도를 조절해야 한다. 어르신들에겐 큰소리로 천천히 말하고 연인에게는 소곤소곤 말하는 것이 좋다. 친구들과의 대화에서는 큰소리로 빨리 말해도 된다.

"말은 맞는데 싸가지가 없다"라는 소리를 듣지 않으려면 네 가지를 하지 말아야 한다.

첫째, 이기려 들기, 둘째, 가르치려 들기, 셋째, 독차지하려 들기, 넷째, 잘난 체하려 들기다. 대화할 때 이겨야 직성이 풀리고, 남을 얕잡아 보며 가르치려 하고, 시종일관 잘난 체하고, 주도권을 잡으려고 하는 사람과 대화하고 싶은 사람은 없다. 사람은 모두 다르고 나도 누군가에게는 다른 사람이다. 대화는 내 말을 일방적으로 지껄이는 발화發話가 아니라 듣는 사람과 협력하는 담화談話다.

그런 점에서 나는 다행이다. 남을 이길 만큼 똑똑하지도 남을 가르칠 만큼 아는 게 많지도 말을 독점할 수 있을 만큼 할 말이 많지도 않다. 잘난 체를 좀 하기는 하지만 진짜 잘났다고 생각해서 그런 게 아니라는 걸 사람들은 안다. 그래서 싸가지 없다는 소리를 듣지는 않는다.

대화의 성공 여부는 내가 아니라 상대방에 달려 있다는 사실을 잊지 말아야 한다. 대화의 목적은 소통이다. 친목을 위한 대화는 상대의 기분이 좋아지고 나에 대한 친밀감이 높아져야 한다. 설명을 위한 대화는 상대가 그것을 이해해야 한다. 무언가를 설득하기 위한 대화는 상대 마음이 움직여야 한다. 그랬을 때 소통에 성공한 것이다. 내가 아무리 흡족하게 대화했어도 상대가 만족하지 못하면 그 소통은 실패한 것이다.

주고받아야 대화가 편해진다

강 — 상대가 만족하는 대화가 되기 위해서는 잘 맞춰 줘야 한다. 잘 맞추는 사람이냐 그렇지 않은 사람이냐를 가르는 기준은 타고난 기질, 살아온 환경, 그리고 자신의 노력 세 가시나. 나는 노력보다 기질과 환경의 영향이 훨씬 크다고 생각한다. 나는 타고난 기질 자체가 남의 눈치를 많이 보는 편이고 자라온 환경도 그랬다. 남의 눈 밖에 나거나 무리에서 배제되는 데 대한 두려움이 크고 남들의 도마 위에 오르는 것이 무섭다. 그러므로 상대에게 잘 맞춰주기 위해 노력한다. 그러면 무엇을 맞춰야 하는가.

첫째, 차이점보다는 공통점에 주목함으로써 관심사를 맞춘다. 그러기 위해 먼저 상대의 기호나 취향을 파악하고, 그 가운데 나와 비슷한 대목을 찾아 대화를 이끌어 간다. 또한 뺄셈보다는 덧셈을 해야 한다. 남의 말을 깎아내리거나 반박하기보다는 그 말을 보완하고 보충해 주는 대화를 한다. '그러나', '하지만'보다는 '그리고', '아울러', '그와 함께'라는 말로 보태 준다. 나아가 발언 내용도 비관적이기보다는 긍정적으로, 소극적이기보다는 적극적인 게 바람직하다.

둘째, 말의 비중을 맞춘다. 상대의 말에 내 말을 보태거나, 상대의 말에 대해 "이런 뜻이죠?" 하며 부연하거나, 질문하는 방식으로 상대를 중심에 놓고 대화한다. 말을 많이 한다고 설득되지 않는다. 주도권을 쥐려고 하면 할수록 상대는 더 멀리 도망간다. 알맞은 타이밍에 할 말만 하고 잘 빠져야 한다.

셋째, 단점을 지적하기보다는 장점을 칭찬해서 비위를 맞춘다. 사람은 누구나 단것을 좋아하고 쓴 것은 싫어한다. 아무리 입에 쓴 약이 몸에 좋다 해도 쓴 것을 좋아하는 사람은 없다. 상대의 기를 꺾기보다는 체면을 세워 줘야 한다. 이렇게 맞춰 주는 일은 나처럼 낯을 가리고 말주변이 없는 사람도 잘할 수 있다.

끝으로 눈높이를 맞춘다. 노무현 대통령이 어린이와 사진 촬영할 때 두 다리를 넓게 벌려 키를 낮추듯 대화의 수준을 맞춰야 한다. 어렵게 말해도 괜찮은 대상이 있고 쉽게 말해야만 알아듣는 상대가 있다.

'티키타카'란 말이 있다. 스페인어로 탁구공이 왔다 갔다 하는 모습을 표현한 단어다. 대화는 그렇게 주거니 받거니 하는 게임이다. 운동 경기는 내가 점수를 많이 내야 승리하지만, 대화는 상대가 점수를 내도록 도와줘야 이기는 경기다. 상대가 내 말을 받지 못하도록 강스파이크를 날리는 게 아니고 상대방이 잘 받아서 랠리를 이어감으로써 내가 다시 말할 기회를 얻어야 이기는 승부다.

2장

질문하는 태도가
질문보다 중요하다

존중을 표현하는 자세

김── 나는 강연을 정말 좋아한다. 강연이라면 듣는 것도 좋고 하는 것도 좋다. 강연할 때 보면 가끔 팔짱 끼고 의자에 몸을 비스듬하게 기대고 듣는 이들이 있다. 높은 분들일수록 그렇다. 몸으로 '그래 너 한번 해 봐, 얼마나 잘하는지 보자'라고 말하는 것처럼 보인다. 단지 편한 자세를 취하는 걸까? 상대를 눈 아래에 두고 싶은 건 아닐까? 평소에 높은 자리에서 호령하며 사는 사람도 강연장에서는 연단 위에 올라가 있는 연사를 우러러보는

형세가 된다. 그럴 때 몸을 뒤로 기울이면 상대를 눈 아래 깔고 볼 수 있다.

반대로 상대를 내 눈높이보다 높이는 방법은 몸을 앞으로 기울이는 거다. 절로 우러러보게 된다. 경청을 한자로 쓸 때 기울기 경傾을 쓴다. 즉, 경청이란 몸을 앞으로 기울여서 듣는 거다. 몸을 기울여 상대를 우러러보는 자세는 존중을 나타낸다. 강연을 좋아하는 나는 강연장에서 늘 몸을 앞으로 기울여 듣는다.

무료로 하는 강연은 노쇼가 많다고 하는데, 내가 느끼기에는 무료 강연일수록 청중의 반응이 더 좋았다. 대부분 도서관에서 하는 저자 강연은 무료다. 도서관 강연에 오는 사람들은 그 시간에 집에서 잠을 자거나 게임을 할 수 있는데 군이 도서관까지 와서 저자를 만나보겠다는 마음을 낸 거다. 호감을 느끼고 자발적으로 온 청중은 강연을 열심히 듣고 적극적으로 호응한다.

반면 매주 유명 연사를 초청해 듣는 대학 인문학 특강은 대개 반응이 신통치 않다. 한 학기 약 400만 원 넘는 등록금을 내고 듣는 수업의 하나인데, 자리에 앉아만 있으면 출석이 인정되고 특강 내용이 시험 범위에 들어가는 것도 아니라 그런지 과제를 펼쳐 놓고 하는 사람도 있다. 그런 분위기에서 강연할 때가 제일 힘들다. 그래서 대학이나 기업 연수처럼 청중이 의무적으로 들어야 하는 강연 요청이 오면 강연료를 많이 줘야 달려간다. 여기서 강연료는 상해보험이다. 열심히 상언하는데 듣는 사람들이 딴청을 피우면 심리적 타격을 입는다. 나는 왜 귀한 시간에 이렇게 남들에게 무시당하고 있나 싶다. 그럴 때 강연료가 다친 마음을 치유한다. 그래, 그 돈으로 다음에 읽고 싶은 책도 사고 여행도 가자.

이제껏 다녀 본 강연 중 최고의 청중은 강원도 횡성 우천초등학교 아이들이었다. 두 시간 중 한 시간은 강연하고 나머지 한 시간은 질의응답을 했는데 시간이 어떻게 갔는지 모를 정도였다. 강연이 끝나고 아이들이 사인받겠다고 길게 줄을 섰다. 몇몇 아이는 학교를 나서는 내 뒤를 쫓아와 "내년에 제가 중학교 진학하면 그곳으로 또 와 주실 수 있나요?"라고 눈을 빛내며 물었다.

그날의 분위기가 최고였던 건 세 가지 조건이 맞아떨어졌기 때문이다. 첫째, 아이들이 (강연을 주관한) 학교 도서관 사서 선생님을 좋아했다. 둘째, 그 사서 선생님이 내가 쓴 책들을 좋아했다. 셋째, 사서 선생님이 강연하기 전에 미리 아이들과 같이 내 책을 읽고 토론도 하고 독후감도 받았다.

어릴 때는 친한 친구가 좋아하는 가수를 따라 좋아하고 좋아하는 선생님이 추천해 준 책이 재밌다. 선생님을 좋아하는 아이들은 선생님이 좋아하는 작가에게 호감을 느낀다. 연예인이 오는 것처럼 책에 관심을 갖고 재미있게 본다. 어른들도 감명 깊게 읽은 책의 저자는 뭔가 대단한 것처럼 느끼지 않나. 아이들은 마치 대단한 사람을 만난 것처럼 몸을 기울여 내 이야기에 귀를 기울였다.

그런 강연을 하고 나면 나는 거기까지 갈 수 있었던 내 인생의 모든 순간을 긍정하게 된다. '책 쓰길 잘했어. 강연하러 오길 잘했어'라고 생각한다. 도서관 강연은 대부분 좋은 경험이었다. 그래서 지금도 나는 전국 어디든 학교 도서관 선생님이 부르는 자리라면 열일을 제쳐 놓고 달려간다.

"좋은 질문입니다"라고 먼저 말하라

김 —— 큰딸이 고등학교 1학년이었을 때 함께 길을 가다가 지인을 만났다. 지인이 딸에게 꿈이 뭐냐고 물었다.

"저는 PD가 되는 게 꿈이에요."

이유를 물어보니 아이가 대답했다.

"아빠가 PD로 일하는 게 너무 행복해 보여서요."

"어머, 얘. 넌 아빠한테 속은 거야. 네 아빠는 PD가 아니라 다른 어떤 일을 했어도 행복하게 사셨을 분이야. PD라고 다 행복하시는 않단다. 내가 아는 어떤 PD는 시청률 스트레스로 마음고생이 심하거든."

지인의 말에 내심 기분이 좋으면서도 PD로 인해서 행복했다고 말하고 싶었다. MBC에서 24년을 PD로 일하면서 진심으로 행복했으니까. 내 행복에는 나름의 비결이 있었다. 긍정이다. 우선, 타인을 긍정한다. PD는 수많은 전문가와 일하는 사람이다. 작가가 쓴 대본을 긍정하고, 배우의 연기를 긍정하고, 스태프의 능력을 긍정해야 일을 할 수 있다. 물론 더 좋은 대본, 더 좋은 연기, 더 좋은 촬영이 작품의 완성도를 높이겠지만 욕심을 내면 끝이 없다. 나는 일단 사람들이 내놓는 1차 결과물을 무조건 긍정했다. 대본의 부족함을 지적하고 모자란 연기를 어설픈 앵글로 찍고 있다고 생각하면 일하는 내내 괴로웠을 거다. 더 큰 문제는 현장을 지휘하는 PD의 부정적인 생각은 은연중 드러나게 마련이고 함께 있는 사람들에게 긴장과 불안을 심어 준다. 로맨틱 코미디를 연출하는 PD로서는 최악이다. 현장에서 드라마를 만드는 사람들이 즐거워야 그걸 보는 시청자도 즐겁다.

PD 시절에 터득한 비결을 은퇴 후 강연할 때도 응용한다. 내 강연은 절반은 나 혼자 떠드는 강연, 나머지 절반은 청중과 질의응답을 하는 시간으로 이루어진다. 물론 처음 보는 청중이 어떤 질문을 할지 모르고, 아예 질문이 없어 더욱 곤란해질 수도 있다. 정적이 흐르면 누가 질문을 좀 했으면 좋겠는데 나는 못 하겠고 서로 눈치만 살피다 보면 청중은 불안해하고 저자는 민망하다. 그런 걸 몇 번 경험하고서 나는 강연을 들으러 갈 때면 미리 저자의 책을 읽고 질문을 준비했다. 직접 저자에게 궁금한 걸 물어

강원국 ✕ 김민식 말하기의 태도

볼 기회이기도 했지만, 무료로 귀한 강연을 들은 것에 대한 감사의 표시였다.

한번은 만나고 싶었던 저자 특강을 들으러 갔다가 질의응답 시간에 손을 들고 질문을 했다. 저자는 "그 질문에 답하려면 책 한 권을 쓰거나 강연을 두 시간 더해야 합니다. 그러니까 지금 답하기는 어렵겠네요"라며 넘어갔다. 좀 무안했다. 나중에 저자가 쓴 칼럼에서 도서관 강연할 때 가끔 질문한답시고 손을 들어서는 자기 잘난 척하는 사람이 있다고 쓴 글을 읽었다. 아, 그분이 날 남들 앞에서 아는 척하는 사람이라고 생각해서 대답을 안 했던 건가? 내 나름의 성의 표현을 그렇게 생각한 게 아닐까 싶어 순간 울컥했다.

그때 마음먹었다. 내 강연을 들으러 온 사람들에 대해 부정적인 판단을 하지 말자. 용기를 내어 손을 든 사람의 입장에서 생각하자. 묻는 사람에게는 간절함이 있다. 공개적인 자리에서 용기 낸 사람의 절실함에 공감하는 게 중요하다. 그러려면 누군가 질문했을 때 무조건 "좋은 질문입니다"라고 답하면 된다. 일단 좋은 질문이라고 인정하면 뭔가 답을 해 줄 수 있겠더라. 그렇게 마음을 먹어도 난감한 순간은 있다. 주제와 상관없이 자기 얘기를 구구절절 말하는 분을 만났을 때다. 외로운 분들이다. 자기 이야기를 들어 주는 사람이 없으니 이런 자리에서라도 말해 보고 싶은 거다. 그걸 들어 주는 것도 내 역할이라고 생각한다. 그러려면 역시 "좋은 질문입니다"라고 먼저 말하면 된다.

강연을 하면서 질문에도 요령이 있다는 걸 깨달았다. 저자의 책과 저자의 자질, 저자에 대한 긍정, 이 세 가지를 명확하게 표현하면 오해가 생기지 않는다.

"선생님의 책을 읽었는데, 어떤 대목(인용)이 참 좋았습니다. 오늘 강연을 듣고 보니 선생님이 이 분야의 최고 전문가라는 걸 다시금 깨달았어요. 그래서 평소 갖고 있던 고민에 대해 선생님은 답을 해 주실 수 있을 거 같아 용기 내어 질문 하나 드리고 싶습니다"라고 한다면 어떤 질문이라도 환영할 수밖에 없다.

이제는 질문이 없어도 긴장하지 않고 다음과 같이 말한다.

"질의응답을 한 시간이나 한다고? 아무도 질문 안 하면 난감해서 어떡하나 싶으시죠. 괜찮습니다. 그럴 때를 대비해서 추가 강연을 준비했거든요."

그러면서 PPT 자료를 몇 장 넘기며 보여 준다. 사람들의 긴장이 풀어지면 가벼운 질문이 나온다. 분위기를 띄우기 위해 반대로 내가 묻기도 한다. "강연 끝나고 식사를 할 건데요. 어디 가서 먹으면 좋을까요?" "요즘 유튜브에서 화제가 되는 콘텐츠가 뭔가요?" "즐겨보는 웹툰이 있나요?" 이렇게 각자 할 얘기가 있는 질문을 던지면 여기저기서 대답이 들려온다. 질의응답 시간에 반드시 저자만 답을 해야 하나. 나는 강연장에서 나를 만나러 온 사람들의 이야기를 듣고 싶다.

질문자가 원하는 답은 따로 있다

김 —— 2001년 청춘 시트콤 〈뉴 논스톱〉 PD로 일할 때, 매주 다섯 편의 일일 시트콤을 연출하는 게 쉽지는 않았다. 때로는 힘들고 지칠 때도 많았는데, 그런 내게 일의 의미를 일깨워 준 순간이 있다. 어느 날 저녁에 도서관에 갔다가 지하 휴게실에서 중고등학생들이 TV로 〈뉴 논스톱〉을 보는 걸 목격했다. 보는 내내 웃고 탄식하던 아이들이 방송이 끝나자 각자 열람실로 흩어졌다. 그 순간 느꼈다. '아, 내가 만드는 시트콤이 수험생 아이들에게는 하루 중 유일하게 마음 편히 쉴 수 있는 순간이구나' 하고 그때만큼 일하는 보람을 느낀 적이 없었다.

강연하고 나면 후기를 인터넷에 검색해 본다. 후기를 살펴보면 다른 사람의 눈에 비친 나의 모습을 확인할 수 있다. 누가 어떤 질문을 해도 열심히 듣고, 답이 안 떠올라도 어떻게든 답을 찾기 위해 계속 궁리하는 모습이 감동적이었다는 한 블로거의 강연 후기를 본 적 있다. 질의응답 시간에 임하는 나의 각오가 태도로 드러났다는 데 안도했다.

나는 어떤 질문에 정해진 답이 있다고 생각하지 않는다. 답은 여러 가지다. 중요한 것은 질문자가 원하는 답을 할 수 있느냐이다. 학교 도서관 강의를 하러 가면, 선생님이 미리 포스트잇에 질문을 받아 주는데 질문을 고른 다음에는 꼭 묻는다. "이 질문한 사람 누구예요?" 질문을 한 사람과 직접 눈을 맞추며 질문자가 만족할 때까지 답을 찾는 거다. 왜냐하면 나는 어떤 답을 내놓을 때 질문자가 그 답을 자기 삶에 적용해 보기를 바라기 때문이다. 질문자가 원하지 않는 답은 실천에 옮기기 쉽지 않다. 내가 한 답에 질문자가 납득했을 때 그리고 표정에서 직접 실천해 보겠다는 의지가 드러날 때까지 계속 답을 찾는 게 나의 응답법이다.

교육지원청 진로 교육의 경우, 부모님들이 자녀들의 손을 잡고 함께 오신다. 강연의 핵심 메시지는 '인공지능의 시대, 아이가 좋아하는 일을 직접 찾는 게 중요하다'라는 거였다. 컴퓨터와 로봇이 활약하는 세상에서는 좋아하지 않은 일을 억지로 건성건성하는 사람의 일은 기계나 컴퓨터에 대체되기 쉬우니, 부디 자신이 좋아하는 일을 찾으라고 강연을 했다. 질의응답 시간에 "질문 있으신 분?" 했더니, 강연장 뒤편에서 가벼운 실랑이를 벌이는 게 보였다. 어머니는 손을 들려고 하고 아이는 질문을 못 하게 막았다. 어머니에게 마이크를 주었더니 속사정을 털어놓았다.

"우리 아이는요, 하고 싶은 게 너무 많아요. 음악을 전공하고 싶다고 해서 악기도 사다 주고 레슨도 받게 했는데 잠깐 하다 싫증 내고 그만뒀고요. 발레에 흥미가 있다고 해서 학원을 보냈는데 발가락이 아프다고 또 그만뒀어요. 중학교 3학년인데 지금은 공부에 흥미 없다며 만화가가 되겠다고 미술학원을 보내 달라고 하는데요. 이젠 안 된다고 했거든요. 아이가 진로를 바꿀 때마다 학원비가 만만치 않은데 꼭 밑 빠진 독에 물 붓기 같아요. 어떻게 하면 좋을까요?"

나는 어머니가 듣고 싶은 답을 들려 드렸다.

"학원 보내지 마세요, 어머니. 요즘은 유튜브나 인터넷 학습 사이트 찾아보면 그림 잘 그리는 법을 무료로 가르쳐 주는 온라인 강의도 많아요. 그런 영상 보면서 배우면 됩니다. 꿈을 좇을 때 내가 들여야 할 자원은 자신의 시간이에요. 부모의 돈이 아니라. 부모가 돈을 대 주지 않아서 나는 화가가 되지 못했다? 제대로 된 정규교육 없이도 세계적인 화가가 된 분들도 많거든요? 꿈은 나의 시간을 투자해 얻는 것이지, 부모의 돈으로 이루는 게 아닙니다."

어머니의 표정은 밝아지는데, 옆에 있는 아이가 마이크를 집어 들었다.

"그런데요, 아저씨. 제가 아직 어려서 무엇을 잘하는지 직접 해 보기 전에는 알 수 없잖아요. 미술을 전공한 선생님께 직접 배우면 나의 소질을 파악하기가 더 쉽지 않나요?"

이번에는 아이가 원하는 답을 했다.

"맞아요. 학원에 다니는 게 수월하죠. 그렇다면 어떻게 부모님을 설득할 수 있을까요? 일단 좋아하는 그림을 꾸준히 그리세요. 매일매일 틈만 나면 그림을 그리는 거예요. 친구도 안 만나고 게임도 안 하고 오로지 그림에 빠져 사는 모습을 엄마에게 보여 주세요. 그런 다음에 엄마, 그동안 내가 그린 그림 100장 중에 제일 잘 그린 거 10장을 미술학원에 가져가 선생님에게 보여 드리고 평가를 받고 싶어. 그리고 더 잘 그리기 위해서 무엇을 해야 할지 여쭤보고 싶어. 그렇게 하면 엄마가 학원에 보내 줄 수밖에 없을 거예요.”

그날의 강연은 이렇게 마무리했다.

“지금 옆에 있는 엄마 아빠 한번 보세요. 언제 돌아가실까요? 아마 90세는 거뜬히 사실 겁니다. 여러분의 부모님이 90대에 돌아가시면 여러분은 60대가 되겠지요? 든든한 부모님이 계시는 한 여러분은 굶을 일은 없을 겁니다. 자식이 굶도록 놔두는 부모는 없거든요. 그러니까 부모님을 믿고 천천히 시간을 들여 꿈을 찾으러 가세요. 60세가 되기 전에만 좋아하고 잘하는 일을 찾으면 됩니다.”

아이들을 향해 말한 후 다시 부모들을 향해 말했다.

“자, 그렇다면 부모님의 목표는 무엇일까요? 아이가 나이 스물이 넘어가면 경제적으로 자립할 수 있도록 도와주셔야 해요. 그래야 여러분의 노후가 편안해집니다. 최고의 노후 대비는 자녀의 경제적 독립입니다. 아이의 독립을 돕는 최고의 방법이 뭘까요?

강원국 × 김민식 말하기의 태도

아이의 삶에 참견하지 않는 겁니다. 한 사람의 성인으로 자기 삶을 결정하고 살아가려면 20대부터 시행착오를 겪어 봐야지요. 90대의 노구를 이끌고 60대가 된 아이를 먹여 살리고 싶지 않다면 말입니다."

어떤 질문을 받았을 때 질문자에 따라 답은 달라진다. 답을 구하는 사람에게 필요한 답을 찾는 게 응답하는 사람의 역할이다.

질문한 사람을 긍정하라

김 —— MBC에 입사한 지 5년 차가 되었을 때 청춘 시트콤 〈뉴논스톱〉에 조연출로 합류했다. 선배 PD와 작가들이 만든 대본을 가지고 야외 촬영을 하는 게 내 일이었다. 야외 신을 찍을 때마다 대본이 매우 재미있지만, PD로서 내가 하나를 더 보탤 수 있다면 무엇을 해야 할까 고민했다. 양동근과 박경림에게 이 장면을 더 재미나게 만들 아이디어가 있는지 묻기도 하고 내 아이디어를 내놓기도 했다. 코믹감이 뛰어난 양동근은 어설픈 PD의 아이디어를 발전시켜 기막히게 표현하여 살려 내곤 했다. 얼마 지나지 않아 선배들이 눈치채고 민식이는 자기가 찍은 장면에 어떻게든 새로운 재미를 더하려고 고민을 많이 한다는 세평이 돌았다. 덕분에 조연출 딱지를 떼고 연출로 승진했다.

강연할 때도 어떻게 하면 새로운 요소를 더할 수 있을지 고민한다. 나의 강의안은 1,000여 번의 강연을 하면서 가장 반응이 좋았던 내용만 모아 둔 것이다. 하지만 아무리 재미있는 강의안이라 해도 똑같은 걸 계속하면 내가 먼저 질린다. 대본을 벗어나지 않는 범위에서 애드리브로 재미를 더하는 것처럼, 강연의 핵심은 유지하되 질의응답을 통해 애드리브를 넣을 수 있는 장면을 마련했다. 이 장면은 나 혼자서 완성하는 게 아니다. 그날 그 자리에 함께한 청중과 같이 만드는 장면이다.

강연장에서 질의응답 시간이 어땠는가를 보면 내 강연의 문제점도 발견하게 된다. 질문이 하나도 없다는 건 뭔가 부족했기 때문이다. 적어도 그 자리에 있는 청중의 기대에 못 미쳤던 거다. 질문은 '저 사람이라면 내가 가지고 있는 고민에 답을 해 줄 수 있을 거 같다'라는 신뢰에 기반한다. 특히 나와 같은 독서, 글쓰기, 영어 공부, 여행 등을 통해 더 괜찮은 삶을 추구하자는 모티베이터의 강연은 현장에서 에너지를 주고 마음을 동하게 만드는 게 중요하다. 내 진심이 통해야 청중이 마음을 열고 자기 이야기를 들려준다.

예외적인 상황이 있긴 하다. 서울과 같은 대도시에서는 질문이 안 나올 걱정은 안 해도 된다. 하지만 지역의 작은 도서관 강연에서는 묘하게 기업 강연장의 분위기가 느껴진다. 작은 마을 도서관에 모인 사람들이 서로의 사정을 다 알기 때문이다. "우리 아들이 중학교 2학년인데 게임만 하고 책을 도통 안 읽어요. 어떻게 해야 할까요?" 이렇게 물으면 서울에서는 그 아들이 누군지 모른다. 익명성이 보장된다. 하지만 작은 마을에서 강연할 때면 객석에서 "아이고, 김가네 아들 민식이는 공부는 안 하고 게임만 하는구나!" 이런 소리가 들린다. 기업도 마찬가지다. 업무와 관련된 고민은 털어놓기가 어렵다. 이렇듯 익명성이 보장되지 않는 공간에서는 질문하는 게 어렵다.

때로는 난감한 질문이 나오기도 한다. 대답하기 어려운 질문에는 답변보다 답을 하려는 태도를 보여 주는 게 중요하다. 상대방은 나를 난처하게 하려고 질문한 게 아니다. 본인 혼자 해법을 찾을 수 없어서 도움을 청하는 거다. 그럴 때 "너무 어려운 질문이라 답을 못하겠네요"라고 해 버리면 청중은 왜 강연자를 당혹스럽게 하냐는 시선으로 질문자를 바라보게 된다. 용기를 낸 사람을 궁지에 몰면 안 된다. 그래서 나는 질의응답을 할 때 어떤 질문을 받더라도 당황하지 않기 위해 세 가지 원칙을 세웠다.

- 질문한 사람을 긍정한다.
- 질문자의 관점을 긍정한다.
- 나 자신의 경험을 긍정한다.

무조건 질문한 사람을 긍정한다. 공개적인 자리에서 자기 고민을 이야기하는 것은 쉽지 않은 일이다. 질문을 했다는 것만으로 나를 믿고 용기 낸 고마운 사람이다. 그뿐만 아니라 나에게 질문을 해 준 사람들 덕분에 나는 독자들이 나에게 듣고 싶은 이야기가 무엇인지 알 수 있었다. 《영어 책 한 권 외워봤니?》를 출간한 이후 도서관 강연을 할 때마다 "PD님은 어떻게 회사에 출퇴근하면서 책을 쓸 수 있었나요?"라는 질문이 나왔다. 직장생활을 해도 매일 아침 출근 전에 한 시간만 블로그에 글을 한 편씩 올리다 보면 책 한 권 분량의 내 이야기가 축적된다는 게 나의 대답이었다.

같은 질문이 나올 때마다 되도록 다른 버전의 답을 해 보려고 고민했다. 구체적인 방법들이 떠올랐고 그것을 다시 시도해 보면 경험과 이야기가 풍성해졌다. 그 대답들을 정리한 게 《매일 아침 써 봤니?》다.

질문해 준 분들이 내게는 은인이다. 나는 진심으로 질문한 사람을 긍정한다. 그렇게 질문자를 긍정하고 나면 공감대가 형성되고 해법을 찾아 다음 단계로 나아갈 수 있다.

관점을 긍정으로 바꿔라

김 —— 드라마 촬영장에서 PD는 가끔 딜레마에 빠진다. 특히 배우들의 고민은 매번 어려운 숙제였다. 한 배우는 대사가 좀처럼 납득이 안 가서 도무지 입에 붙지 않는다고 울상을 지었다. 왜 이런 말을 하는 건지 도통 모르겠다는 거다. 또 다른 배우는 주인공에게 시련을 주는 역할을 해야 하는데 장면이 다소 과도해 논란이 될까 두렵다고 했다. 배우의 입장에 백번 공감한다. TV 화면에 얼굴이 나오는 건 배우라 시청자는 저런 장면을 연출한 감독이 문제라고 하지 않는다. 피해는 고스란히 배우에게 돌아간다. 배우가 대본을 소화하는 건 기본이고 작품을 위해 연기를 잘하는 게 뭐가 문제냐는 식의 원론적인 이야기는 아무런 해법이 되지 않는다.

배우와 머리를 맞대고 함께 방법을 논의했다. 무엇이 최선의 답인지는 지금도 모르겠다. 확실한 건 내가 배우의 고충을 받아들이고 그 부분을 수정하거나 보완하기 위해 노력하면, 결과가 어떠하든 배우들은 나를 믿고 최선의 연기를 보여 준다는 거다. 때로는 작가도 생각 못했던 더 좋은 대사나 아이디어가 툭 튀어나와 작가는 물론 배우와 시청자 모두 손뼉 칠 만한 명장면이 나오기도 했다.

강연장에서 종종 대답하기 곤란한 질문을 받을 때가 있다.

"어머니가 텃밭에서 손수 재배한 농작물로 먹을거리를 만들어 보내 주시는 게 낙인데요. 아내도 저도 맞벌이라 집에서 밥을 잘 안 먹다 보니 냉장고에 있던 음식을 제 손으로 버리는 경우가 많아요. 주변에 나눠 주는 것도 한계라 아내는 처치 곤란한 음식 그만 보내시라고 말씀드리라는데, 그게 유일한 낙인 어머니에게 도저히 말을 못 하겠어요. 제가 어떻게 해야 하나요?"

이런 질문을 받으면 일단 질문 내용에 긍정이나 부정의 판단을 내리지 않고 "아, 어렵네요. 저도 선생님 입장이라면 힘들 거 같아요"라고 운을 뗀다. 이 문제에 관해서는 명쾌한 해법이 없다. 가까운 곳에 경로당이나 급식소가 있다면 버리는 대신 나눠드릴 수도 있겠지만 간이 맞지 않는다면 받는 쪽에서도 부담이다. 질문자에게는 이런 해법도 눈에 들어오지 않는다. 아들과 남편의 입장에 갇혀 있기 때문이다.

일단 질문자의 관점으로 상황을 보자. 차마 어머니에게 말을 하지 못하는 건 아들이 어머니를 사랑하고 있기 때문이다. 음식물 쓰레기를 본인이 치운다고 하니 아내의 입장도 충분히 납득할 것이다. 질문자는 어떻게 해야 할지 모르겠다고 하는데 제삼자의 입장에서 이 문제를 바라보면 답은 명쾌하다. 어머니가 돈과 시간을 들여 먹지도 않는 음식을 계속 만들게 하면 안 된다.

강원국 × 김민식 말하기의 태도

여기서 핵심은 어머니에게 어떻게 말을 하느냐이다. 마음을 써야 한다. 어머니를 아끼는 마음이 크니 직접 찾아가서 상황을 솔직하게 말하는 게 상책이다. 어머니의 서운함을 덜기 위해 즐거이 할 수 있는 또 다른 취미를 찾아보거나 아들네가 아닌 다른 좋은 곳에 어머니의 음식을 보내는 것을 제안할 수도 있다. 자주 찾아가서 어머니와 함께 식사한다면 오히려 더 좋아할 수도 있다. 최선이든 차선이든 해법은 있다. 그것을 수용하고 실천하는 게 어려울 뿐. 응답하는 사람은 질문자의 복잡한 심경을 헤아려 가장 중요한 것에 방점을 찍어 줌으로써 스스로 결정하게 할 수 있다.

축적된 경험이 말하기 자산이다

김 —— 〈뉴 논스톱〉, 〈논스톱 3〉, 〈레인보우 로망스〉 세 편의 일일 시트콤을 연출하면서 수백 편의 에피소드를 찍고 만들었다. 야구장 데이트 장면부터 야외 결혼식 장면, 키스 장면에서 액션 장면, SF 판타지부터 호러까지 안 찍어 본 장면이 없다. 어떤 대본이 나와도 나는 그림으로 옮길 수 있는 자신이 있었다. 그 경험이 나이 마흔에 예능에서 드라마 PD로 이직하는 자신감을 키워 주었다. PD는 시간이 축적될수록 할 수 있는 게 많아지는 직업이다. 내가 경험한 것이 오롯이 나의 경쟁력이 된다.

강사로 사는 것도 마찬가지다. 질의응답 시간에 어떤 질문이 와도 나는 두렵지 않다. 10년 이상 수백 회가 넘는 강연을 했다. 매년 200권 정도의 책을 읽어 왔고 지금까지 여섯 권의 책을 쓰면서 나의 직·간접적인 경험을 토대로 충분히 대답할 수 있다고 믿는다. 나의 경험을 긍정하는 것이다.

질의응답 시간에 효능감을 느낀 적이 많다. 효능감이야말로 나를 든든하게 받쳐 주는 기둥이다. 누군가의 첫 질문을 받고 너무나 명쾌한 답을 할 때가 있다. 그다음부터는 사람들이 앞다투어 손을 든다. 저 질문에 저렇게 답하는 걸 보니까 내 질문에도 답을 해 주겠구나 하는 거다. 그렇게 질문이 꼬리를 물고 이어지다 보면 강연이 길어지기도 한다. 그런 날에는 강연료를 받는 게 도리어 미안하다. 사람들한테 인정받고 심리적 만족까지 이렇게 충만한데 돈까지 받아도 되나 싶어서.

이 대목에서 강연 경험이 없다고 좌절하는 사람이 있을 수도 있다. 강연은 안 해 봤어도 일하면서 수많은 경험을 쌓는다. 그것을 나의 밑천으로 삼으면 된다.

한번은 천문학자들의 학술대회에 강연하러 간 적이 있다. 아니, 천문학 박사님들 앞에서 무슨 강연을 하지? 내가 난감해하자

섭외한 사람이 그런다.

"걱정하지 마세요. 천문학자가 천문학자들 앞에서 강연하라고 하면 긴장해서 더 못해요. 내가 하는 이야기는 어차피 다른 천문학자도 다 아는 이야기 아닌가 싶거든요. 천문학자가 하는 강연보다 드라마 PD가 하는 이야기가 더 흥미로울 겁니다."

그 말에 용기를 얻어 강연했다. 호응이 좋았고 질의응답 시간에도 질문이 넘쳤다. 글쓰기에 대한 질문이 많았는데 누구도 칼 세이건처럼 글 쓰는 방법을 나에게 묻지 않았다. 내가 칼 세이건의 책을 좋아한다는 것만으로도 글쓰기에 동기부여를 하는 데 충분했다.

그동안 블로그에 3,000편이 넘는 글을 썼다. 한 편을 쓸 때 한 시간씩 고민했다 치면 3,000시간이 넘게 고민을 했던 거다. 1,000회 가까이 강의했으니 2,000시간 동안 사람들 앞에 서서 이야기한 거다. 이것만 합쳐도 5,000시간의 노력이 쌓여 있다. 나는 시간의 힘을 믿는다. 말콤 글래드웰이 《아웃라이어》에서 말한 1만 시간을 채우려면 아직 멀었지만 내가 좋아하는 일이니 괜찮다. 건강하게 오래 산다면 10년 후에는 1만 시간을 채울 수 있다. 지금까지 그리고 앞으로도 나의 자산은 계속 늘어갈 것이니 할 이야기는 더 풍성해지지 않겠나.

귀 기울여 주는 단 한 사람

김 —— 강연하다 멘붕에 빠질 때도 있다. 청중들이 졸거나 스마트폰을 보고 있을 때다. 그럴 때는 마치 캄캄한 밤에 망망대해에서 풍랑을 만난 돛단배처럼 멘탈이 흔들린다. 그럴 때 나는 간절한 마음으로 등대를 찾는다. 다행히 어디에나 등대가 하나쯤은 꼭 있다.

"괜찮아요. 계속 가도 돼요. 암담한 곳은 보지 말고 나만 보고 하세요."

그렇게 내게 눈을 맞춰 주고 연신 고개를 끄덕여 주는 청중이 나의 등대다. 등대가 많은 강사는 훨씬 더 강연을 잘한다. 그들이 신뢰가 담긴 눈빛으로 강사를 지지해 준다. 강원국 작가님과 나 사이에, 공통의 등대가 하나 있다. 《결국엔, 자기 발견》이란 책을 쓰고 버킷리스트를 쓰면서 자기 발견을 계속해 나가는 최호진 작가다. 〈강원국의 지금 이 사람〉에 출연한 최호진 작가의 방송분을 들으며, 아, 강원국의 진짜 팬이 강원국 작가님 방송에 초대 손님으로 출연하니 얼마나 행복할까 싶었다.

최호진 작가는 책을 내기 전, 직장인 신분으로 내 강연을 여러 차례 들으러 왔다. 독서 모임에서도 만나고 도서관 강의에서도

강원국 × 김민식 말하기의 태도

만나고, 네 번째 만났을 때는 내가 먼저 우는소리를 했다.

"최 선생님, 지난번에도 뵈었는데 자꾸 오시면 부담스럽습니다. 전 콘텐츠가 그렇게 많지 않아서 한 얘기 또 반복하는데 들은 사람이 계속 보이니 말문이 막혀요."

최호진 작가가 말했다.

"두 번 세 번 와도 들을 때마다 재밌고 새로워서 오는 거예요. 부담 갖지 마시고 편하게 하세요."

직장인이었던 그는 나와 강원국 작가님의 강연을 쫓아다니면서 '나도 저렇게 글 쓰고 말하는 사람이 되고 싶다'라는 강한 열망을 키웠다고 한다. 결국 자기 이야기를 써서 작가의 길을 걷게 되었다. 강원국 작가님과 내가 공동으로 북토크를 한다면 사회를 최호진 작가에게 부탁하고 싶다. 흔들릴 때마다 지지해 준 우리 두 사람의 공통 등대니까.

내 인생의 등대를 어떻게 만들 것인가? 은퇴하고 강연을 다니면서 나처럼 해 보고 싶다는 사람들을 종종 만난다. 강사로 제2의 인생을 살고 싶다면 먼저 당신의 인생 이야기를 책으로 써 보라고 권한다. 등대가 없는 강사는 지독한 외로움에 몸부림치게 된다. 강연의 주제를 잡지 못해서 길을 헤매기 일쑤고 어렵게 얻은 기회를 날려 버리기에 십상이다. 어떻게든 등대가 필요하다. 내가 만난 등대들은 전부 내 책의 독자였다. 누군가의 책을 읽으면 그 사람을 살 알게 되고 친근감을 느낀다. 내가 읽은 책의 저자가 우리 동네 도서관에 온다고 하면 달려가서 보고 싶은 마음도 생기지 않나.

아직 책을 쓰지 않았지만 강연할 기회가 생겼다면 어떻게 해야 할까? 심지어 나에 대해 전혀 모르는 초등학생을 대상으로 강연해야 한다면? 앞자리에 앉은 사람 중에서 몸을 앞으로 기울여 나의 이야기를 경청하는 사람을 찾아라. 그리고 이름을 물어본다. 그 친구 이름이 강현중이라고 하면, 그 이름을 넣어 예시를 든다.

"그래요, 내가 강현중이라는 신인 배우를 캐스팅하려고 해요. 오디션에 온 현중이에게 어떤 질문을 하냐면요."

이런 식으로 그 강연장에 있는 누군가의 이름을 계속 부르면서 그에게 직접 질문을 해서 답을 듣기도 한다. 내가 서 있는 무대에 청중을 올려 이야기의 주인공으로 만드는 거다. 처음에는 어색해하고 긴장하지만, 금세 분위기에 빠져들어 자기 이야기를 자연스럽게 들려 준다. 어색해할 수도 있지만 금세 강연에 더욱 집중한다. 자구책이지만 등대가 생겼다. 그 사람과 눈을 맞추고 대화하듯 이야기를 이어가면 긴장도 풀리고 목소리에 힘이 실린다.

강연을 다니며 나는 등대의 소중함을 깨달았다. 때로 사람들이 강연에 무관심한 태도를 보여도 내 이야기에 귀 기울여 주는 단 한 사람의 존재가 있으면 든든하다. 등대와 같은 그 존재의 고

마음을 알기에 나는 평소 여러 사람을 만날 때도 말하는 사람의 등대가 되길 자처한다. 강연장이건 모임이건 사적인 만남이건 누가 어떤 이야기를 해도 환하게 미소 지으며 빛을 보내 주는 사람이 되고 싶다.

회장 비서실을 거쳐 대통령 비서실까지 25년간 강원국은 남의 말을 듣고 그 말을 글로 만드는 작업을 해 왔다. MBC 예능 PD에서 드라마 PD를 거쳐 노조 부위원장까지 24년간 김민식은 다양한 구성원들을 모아 하나의 작품을 만드는 일을 해 왔다. 두 사람에게 잘 듣는 것은 직업상 꼭 필요한 직무 능력이었다. 직장생활을 잘하려면 소통 능력이 중요하다. 단순하게 보면 상사는 잘 들어 주고 잘 알려 주는 게 미덕이고 아래 직원은 잘 알아듣고 잘 보고하는 게 미덕이다. 좋은 상사가 되기 위해, 함께 일하고 싶은 직원이 되기 위해 꼭 알아 두어야 할 소통의 기술을 그러모았다.

PART 3

일 잘하는
사람의 말하기는
다르다

1장

일머리가 좋은 사람은 잘 듣는다

듣기는 마음을 쓰는 일이다

강— 나는 남의 말을 듣고 그 말을 글로 만드는 작업을 25년 간 해 왔다. 잘 들어야 상사 마음에 드는 글을 쓸 수 있었다. 듣는 역량이 내 직업에 필요한 직무 능력이었던 셈이다. 여기서 '글'을 '일'로 치환하면, 남의 말을 잘 듣고 일을 하는 것이니까 나뿐 아 니라 모든 사람에게 해당된다. 일 잘하는 직장인이 되려면 상사 의 말을 잘 알아듣는 게 최우선이다. 나의 상사들은 내게 네 가지 방식으로 일을 주문했다.

강원국 × 김민식 말하기의 태도

첫 번째 부류는 충분히 얘기해 주고 그것을 내가 잘 소화해서 일하게 만드는 상사였다. 듣기 역량이 그다지 필요하지 않았다. 상사의 말에 밑줄만 잘 그으면 됐다.

두 번째 부류는 주제만 말해 주는 상사였다. 첫 번째 부류에 비해 다른 데에 밑줄 그을 염려는 안 해도 됐지만, 주제로 얘기한 그 한마디의 배경을 파악하는 건 내 몫이었다. 그 배경을 잘 알아채기 위해선 평소 그 상사의 말을 자주, 많이 들어야 한다.

세 번째 부류는 서너 가지의 단서만 주는 상사다. 글로 치면 소재만 제공해 주는 경우다. 이때는 서너 가지의 맥락을 파악하는 능력이 필요하다. 우선, 서너 가지 가운데 그 어느 것 하나도 빠트리거나 놓쳐서는 안 된다. 그러기 위해서는 이들의 상관관계, 인과관계를 따져 잘 연결해야 한다. 하나의 실로 잘 꿰어야 구슬이 보배가 될 수 있다.

끝으로, 서두만 말해 주고 뒤는 알아서 해 보라는 상사다. 시작은 창대하였으나 끝은 미미한 상사가 있다. 앞만 거창하게 얘기하다 시간을 다 보내고 "뒤는 알아서 할 수 있지? 내가 무슨 말을 하려는지 알겠지?" 하며 퉁치는 사람이다. 황당하지만 뒷말을 알아서 추측해야 한다. 나는 그런 상사가 말할 때는 늘 결론과 결말을 예측하며 들었다. 정작 해야 할 말은 안 해 주고 뒷일은 알아서 하라면 어떻게 할 것인지 예측해 본다. 예상이 안 되면 상사에게 물어야 한다. 일단 그 자리를 모면해 보자고 알아들은 척 넘어가서 뒷감당이 안 된 경우가 많았다. 그런 상사는 필시 "내가 그때 다 얘기해 줬잖아. 내 말을 귓등으로 들었어!" 하며 나무란다.

들기는 마음 쓰기다. 우리는 살면서 힘을 쓰기도 하고 시간과 돈도 쓰면서 산다. 하지만 그 무엇도 마음만큼 소중한 건 없다. 마음을 쓰는 것처럼 어려운 일도 없다. 마음은 내켜야 쓸 수 있다. 단단한 마음 근육도 필요하다. 마음 근육은 처음부터 있지 않다. 어느 단계에 이르러야 생긴다. 그때까지는 괴로움을 견뎌 내야 한다. 몸의 근육을 만들기 위해 무거운 역기 드는 고통을 감내하듯 말이다. 그만큼 들기는 어렵다. 잘 듣기 위해서 어떻게 해야 할까. 내 나름대로 잘 듣기 위한 단계를 여덟 가지로 세분화해 보았다.

첫 번째는 알아먹기다. 알아먹는다는 수준은 어떤 것인가. 자신이 들은 내용을 누군가에게 말할 수 있을 때 알아먹은 것이다. 머릿속으로 아는 수준이 아니라 다른 사람에게 말로 설명해 줄 수 있어야 한다.

두 번째는 줄이기다. 들은 내용을 누군가에 전할 때 고스란히 다 말하는 것은 비효율적이다. 당연히 줄여서 말해야 한다. 직장 생활을 하면서 겪어 보니 줄이는 능력이 직장인의 핵심 경쟁력이다. 임원회의가 끝나면 임원들이 부서장을 모아 놓고 핵심 내용을 전달하고, 그 회의를 마치면 부서장들이 팀장들에게 설명해야 한다. 매사에 줄이는 능력이 필요하다. 줄이기는 크게 두 가지로 할 수 있다. 하나는 몇 가지 핵심을 나열해 정리하는 것이고, 다른 하나는 핵심 메시지를 말하고 그 메시지의 의미와 세부 사항을 전달하는 식이다.

세 번째는 알아차리기다. 모든 사람은 다 말하지 않는다. 말하지 않은 걸 알아차려서 채울 줄 알아야 한다. 말하는 이유나 목적, 취지, 의도, 속셈 등을 파악하는 게 알아차림이다. 텍스트만 듣는 게 아니고 맥락을 파악하며 듣는 것이다.

네 번째는 생각하기다. 생각에는 분류와 비교가 동원된다. 상대방의 말을 몇 가지 덩어리로 묶어 분류하고 그 덩어리를 뭔가와 비교한다. 내 생각과 다른 사람의 생각을 비교할 수도 있고, 과거에 그 사람이 해 온 말과 지금의 말을 비교할 수도 있다. 비교를 통해서 공통점, 차이점, 장점, 약점 같은 것들을 뽑아내 상대의 말을 헤아린다.

다섯 번째는 질문이다. 분석하다 보면 자연스레 질문이 생긴다. 우선 모르는 내용을 스스로에게 묻게 된다. 그것을 알기 위해 자료를 찾고 공부한다. 또한 의심이 들어 묻기도 한다. 들은 내용을 무조건 받아들이면 안 된다. 이상하면 그냥 넘어가거나 지레짐작하지 말고 "왜 그렇죠?" 하고 물어야 한다. 그런 후에는 반문한다. 누군가 "이렇다"라고 말하면 "이럴 수도 있지 않나요? 나는 그렇게 생각하지 않는데요?" 하며 되묻는 거다. 끝으로 자문자답한다. "이것에 관한 내 의견은 뭐지?", "누가 이것에 대해 어떻게 생각하느냐고 물어보면 어떻게 답하지?" 자신에게 묻고 자기만의 관점과 시각을 찾아야 한다.

여섯 번째는 평가다. 평가 능력은 결국 그 사람이 가진 안목의 수준이다. 상대의 말을 듣고 어떤 것은 좋은 얘기다, 또 어떤 것은 수준이 낮다, 일부는 맞고 일부는 좀 틀린 얘기다, 순서를 바꿔서 이렇게 하는 게 더 맞을 거 같다. 이렇게 평가하는 단계다.

일곱 번째는 판단이다. 평가와 판단은 차이가 있다. 평가에는 어느 정도 객관적인 잣대가 적용되지만, 판단은 내 생각을 토대로 내 말을 하는 것이다. 상대방의 의견에 반대되는 말을 하거나, 그 사람 말과 내 말을 합치거나, 상대의 말을 약간 변형하는 식으로 내 얘기를 한다. 판단력이 있는 사람의 특징은 이렇다.

- 나와 다른 사람의 의견을 받아들인다. 다를 수 있다고 인정하고, 다양성을 존중한다.
- 확고한 자기 생각이 있고, 근거와 대안을 가지고, 논리적으로 반박, 반론한다.
- 균형감이 있다. 보수와 진보, 현실과 이상, 명분과 실리, 이론과 실제 사이에서 중심을 잡으려고 힘쓴다.
- 내가 비판하는 내용을 스스로 범하고 있지는 않은지 반성하며 사고한다.

강원국 × 김민식 말하기의 태도

여덟 번째 단계는 창의력이다. 그야말로 자기 말을 하는 단계, 나다운 경지다. 이 단계에 이르러야 내가 존재하고 홀로 서고 내 말을 온전히 할 수 있게 된다.

물론 나는 여덟 번째 단계는커녕 설득 능력도 갖추지 못했다. 설득하기 위해서는 상사가 생각한 것보다 내 생각이 나아야 하고, 그것을 상대가 기분 나쁘지 않게 받아들일 수 있도록 말해야 한다. 그런데 나는 설득을 해 본 적이 없다. 늘 받아들이기만 하며 살았다. 천성이 까칠하지 못해서 고개를 끄덕끄덕하는 스타일이지, 갸우뚱하지 않았다. 의심하거나 반문하는 행위가 얼마나 위험한지 어릴 적부터 몸으로 익혀 왔다. 다행인지 불행인지 상사들은 나 같은 스타일을 좋아했다. 그리고 보면 직장생활은 알아먹고 알아차리기만 잘해도 성공적으로 할 수 있다.

의문과 반문을 해소하는 보고의 십계명

강 —— 내가 회사에 다닐 적 지켰던 보고의 십계명이 있다. 보고는 내가 최선을 다했고, 이것이 최선이라고 설득하는 과성이다. 성공적인 보고를 하려면 두 가지를 해소해야 한다. 의문과 반문이 그것이다. 나의 보고만으로 상사가 알고 싶은 것을 다 파악할 수 있게 하는 게 의문을 해소하는 방법이다. 내가 아는 것을 말하는 게 아니라 보고 받는 사람이 알고 싶은 것에 초점을 맞춰야 한다. 다음으로, 반문을 없애려면 보고 내용에 상사가 의심할 만한 것을 제거해야 한다. 보고가 끝났을 때 의문과 반문이 없으면 상사를 설득한 거고, 일을 잘한 것이다. 그렇다면 보고는 어떻게 해야 할까.

첫째, 묻기 전에 보고하라. "내가 말한 것 아직 안 됐나요?" "이전에 말한 것 어떻게 돼 가요?" 상사가 이렇게 물을 때는 이미 짜증이 난 상태다. 아무리 좋은 답변을 갖고 가도 타이밍을 놓쳤다고 할 수 있다. 묻기 전에 보고하는 게 늘 가능한 것은 아니지만, 안테나를 곤추세우고 있으면 어느 정도는 가능하다. 상사의 가려운 데가 어디인지, 상사가 지금 알고 싶은 게 무엇인지, 해당 시기에 늘 찾는 내용은 무엇인지 알려고 노력하면 알 수 있다.

둘째, 보고는 잦을수록 좋다. 아침 티타임이나 점심 먹으면서도 말하고, 퇴근길에도 얘기하고, 엘리베이터에서도 호시탐탐 말할 기회를 엿봐야 한다. 상사가 짜증 날 정도로 수시로 찾아가 얘기하자. 그러다 보면 상사가 그 내용에 익숙해지고 깊이 개입하게 돼 어느덧 상사와 공동작품이 된다. 그런 상태에서 보고하면 통과 안 될 리가 없다.

셋째, 좋지 않은 내용일수록 보고하라. 흔히 부정적인 내용의 보고는 뒤로 미루거나 다른 사람에게 넘기는 경향이 있다. 그런 보고일수록 희생양을 자처하고 용기 있게 말해 보자. 당장은 혼도 나고 욕을 먹겠지만, 지나고 보면 그런 보고가 자신의 신뢰를 높이는 약이 된다. 내가 임원일 때 뻔히 혼날 줄 알면서도 총대를 메고 보고하러 들어오는 직원을 보면 왠지 믿음이 갔다.

넷째, 거짓, 과장, 축소하지 마라. 이건 자신을 불신의 구렁텅이에 내모는 행위다. 사실은 반드시 드러나게 돼 있다. 감춰지고 묻히지 않는다. 결단코 투명해야 한다. 보고는 정직이 최선이다. 이러한 토대 위에서 보고가 설득력을 가지려면 논리가 있어야 한다. 아무리 좋은 생각도 논리적으로 타당하지 않으면 받아들여지지 않는다. 우리는 논리 정연한 말에 설득당한다.

그렇다면 논리적으로 말한다는 의미는 무엇일까. 사실성, 객관성, 개연성, 희소성이 있어야 논리적인 말이 된다.

논리는 '사실'에 바탕을 둬야 한다. 사실이 아닌 걸 논리적으로 말하면 '사기 친다'라고 한다. 그러나 사실도 사람에 따라 다르게 해석한다. 자신의 이해나 경험에 치우쳐 주관적 편견에 사로잡히지 않아야 '객관성'을 확보할 수 있다. 사실과 객관에 기반하더라도, 실제로 그럴 것이라는 믿음이 들지 않으면 설득되지 않는다. 원인과 결과, 즉 인과관계가 맞아떨어지고, 흐름이나 연결이 자연스러운 '개연성'이 있어야 한다. 마지막으로 '희소성'이 필요하다. 예를 들어 소비자에게 제품을 판매한다고 할 경우 기존 제품이나 경쟁사의 상품과는 다르다는 차별성을 제시하고, "요즘 이것이 대세"라며 화제성을 표방하면 설득이 쉽다.

다섯째, 사실과 예상, 인용과 의견을 구분하라. 이순신 장군이 부하 장수에게 이렇게 말했다. "보고 들은 것을 빠짐없이 보고하라. 직접 보고 듣지 않은 것은 단 한마디도 말하지 마라." 맞다. 직접 확인한 것이 아니면 말하지 않아야 한다. 예상과 예단은 금물이다. 보고하기 위해서는 반드시 현장에 가서 확인해야 한다. 자기 생각과 자기 생각이 아닌 것도 구분해야 한다. 남의 말을 자기 의견으로 둔갑시켜서는 안 된다. 남의 말을 인용할 때는 반드시 출처를 밝힌다.

여섯째, 시한을 넘기지 마라. 당연한 얘기지만 마감을 데드라인deadline처럼 여겨야 한다. 넘기면 죽음이란 생각으로 일해야 한다. 부득불 마감을 어겨야 할 때에는 미리 얘기해야 한다. 나는 회장이나 대통령에게 보고할 일이 있으면 마감을 세 번 정해 두었다. 최종 보고하는 마감 전에, 먼저 옆 동료에게 며칠까지 보고서를 작성할 테니 한 번 봐 달라고 부탁한다. 그리고 부서원 전체를 대상으로 시간을 정해 내 보고서를 검토해 달라고 요청한다. 그렇게 최종 보고 이전에 두 번의 마감 시간을 더 가졌다.

일곱째, 보고 대상을 건너뛰지 마라. 때로 대상을 건너뛰고 싶은 유혹이 들 때가 있다. 상사를 편하게 모신다는 명분으로 보고

강원국 × 김민식 말하기의 태도

단계를 축소하고 싶은 마음이 생기기도 하는데, 절대 그래선 안된다. 오히려 과하다 싶을 정도로 직속 보고라인이 아닌 사람에게도 동네방네 다 보고하는 게 낫다. 그렇게 여러 사람에게 보여주는 게 도움이 되면 됐지 결코 손해 볼 일은 없다.

여덟째, 선택지를 줘라. 상사는 자신이 결정하고 싶어 한다. 결론을 내서 보고했다가는 "네가 부장이야?"란 소릴 들을 수 있다. 상사에게 여러 개의 선택지를 줘서 최종 결정을 할 수 있게 해줘야 한다. 그렇다고 너무 많은 가짓수를 제시하면 짜증을 낸다.

"자네 생각은 뭔데? 내가 알아서 하라 이거야? 책임도 내가 지고?"

양자택일할 수 있는 두 가지가 좋다. 두 가지 선택지의 특징, 장점, 단점, 이익과 손해 등을 자세히 분석해, 일목요연하게 보고해야 한다. 특히 이해득실은 사람의 마음을 움직이는 가장 확실한 동력이다. 내가 입게 될 이익과 손실이 분명할 때 마음이 움직인다. 명분과 도리도 포함할 수 있다. 그 일을 하는 의미를 강조하면 설득력이 있다. "당연히 해야지"라는 소리가 나온다.

내 경험으로 상사는 두 개를 갖고 가면 꼭 세 번째를 찾았다. 뭔가 더 좋은 게 있을 것 같은 심리가 작동해서다. 그래서 나는 가장 좋은 안을 복안으로 가져가기도 했다. 제시한 두 개 안에 대해 "다 좋기는 한데 뭔가 좀 아쉽다"라며 다른 걸 찾을 때, 난감한 표정을 지으면서 조심스럽게 히든카드를 내놓았다. 그러면 세 번째 안은 대부분 채택됐다.

아홉째, 근거를 제시하라. 그렇게 보고하는 이유가 반드시 있어야 하고, 이유는 근거로 뒷받침할 때 설득력이 있다. 이유가 근거로 증명되지 않으면 거센 반박과 반발에 부딪히고, '막무가내'란 소리를 듣게 된다. 물론 느낌과 감상을 말할 수 있다. 그러나 설득력이 있으려면 수치나 법적 근거로 말해야 한다. 또 추측으로 말할 수도 있다. "내 짐작인데…"라고 말하면서 얘기하면 되는데, 이런 추측이 추론이나 유추 수준이 되기 위해서는 근거가 필요하다. 그렇지 않으면 억측으로 치부된다.

열째, 실패 가능성을 언급하라. 보고는 자신의 의견을 말하는 것이므로 실행 가능성과 성공 확률이 높은 쪽으로 말할 수밖에 없다. 하지만 보고받는 사람은 자신이 책임을 져야 하므로 부정적인 측면에서 그 사안을 바라보게 된다. 모든 게 잘 될 것이라고 말하면 설득력이 떨어진다. 잘되지 않을 가능성과 확률에 대해서도 언급해 줘야 한다. 그래야 상사는 자신이 해야 할 역할을 부하 직원이 꼼꼼히 수행했다는 생각이 들면서 안심하고 믿는다. 또 그렇게 하는 게 보고하는 사람으로서도 실패라는 만약의 사태에 대비하는 길이 된다.

면접의 필살기가 된 경청

김 —— 1996년도 MBC PD 공채에 지원했을 때, 4차 전형은 합숙 평가였다. 의정부에 있는 MBC 연수원에 서류, 필기, 면접을 통과한 150명의 지원자를 모아 1박 2일 동안 평가했다. 아, 이제 진검승부의 순간이구나. 팽팽한 긴장감이 흘렀다. 예능 프로그램 기획안을 만들라는 과제가 나왔다. 8인 1조로 1시간 동안 제시된 주제에 따라 기획안을 작성하고 남은 1시간 동안 각자의 기획안을 발표해서 그중 최고의 기획안을 뽑는 거였다.

당황했다. 공대를 나와 통역사로 일하다 온 나는 예능 기획안을 구경해 본 적도 없었다. 당연히 좋은 기획안을 만들 자신이 없었다. 하는 수 없이 남들 발표를 열심히 들었다. 지원자들은 다들 자기 기획안 발표 준비하느라 다른 사람 발표에는 집중하지 못했다. 발표가 끝나고 서로 피드백을 주고받는 시간에 나는 열심히 다른 사람의 기획안에 대해 아이디어를 내놓았다. 합숙 평가가 끝나고 우리 조에선 내가 최종면접에 뽑혔다. 입사 후 심사위원으로 오신 선배 예능 PD를 만났을 때 여쭤봤다.

"선배님, 저는 그때 기획안을 제대로 발표하지 못했는데, 왜 저를 뽑으신 건가요?"

"PD가 반드시 좋은 기획안을 만들어야 하는 건 아니야. 기획은 작가나 출연자가 하기도 해. PD는 다른 사람이 내놓는 아이디어를 잘 듣고, 무엇이 재미있는지 평가하는 사람이야. 내가 웃길 필요가 없어. 무엇이 웃기는지 아는 게 더 중요하지. 그날 다른 사람 이야기에 가장 열심히 귀를 기울인 게 민식 씨였어."

경청하는 자세가 면접 필살기가 될 줄은 꿈에도 몰랐다. 나는 단지 몰라서 귀를 기울였을 뿐인데 말이다. 실제 면접에서 남들보다 더 나은 경쟁력을 가지려면 자기 생각을 설득력 있게 얘기하는 것도 필요하지만 상대의 의견을 경청하는 수용적인 태도도 중요하다고 한다. 그런 태도를 통해 사람에 대한 애정과 일에 대한 열정, 조직에 대한 충정을 보여 준다면 비장의 무기가 될 것이다.

애정의 말은 일의 질적 수준을 높인다

김 —— 1996년 외대 통역대학원을 다니던 시절, 영어를 잘하는 사람이 귀했던 때라 통역 아르바이트 시급이 상당히 높았다. 어느 기업에서 일주일 동안 외국인 컨설턴트의 수행 통역을 맡았

강원국 × 김민식 말하기의 태도

다. 5일 동안 일당 40만 원을 받으니, 200만 원짜리 고액 아르바이트였다. 그런데 일이 끝나고 몇 달이 지나도 입금이 되지 않는거다. 회계 담당자에게 문의했더니 황당한 얘기를 했다.

"겨우 5일 일하고 이렇게 큰돈을 받아 가는 게 이상해서 지급보류 중입니다."

"선생님, 제가 일한 건 5일이지만, 통역사가 되기 위해 공부한시간은 10년이 넘습니다. 애초에 그 정도는 줄 만한 일이라고 판단하고 공고한 거 아닙니까?"

이 말을 하기가 그렇게 어려웠다. 일한 대가를 안 준 쪽은 회사인데도 나는 '이상하다'라는 그 한마디에 위축되면서도 화가 났다. 미지급에 대해 조금도 미안한 기색이 없었던 그 직원의 말투 때문이었을까.

방송사 조연출은 프로그램의 제작비 관리 업무도 해야 한다. 매일 초치기로 진행되는 현장에서 행정 업무는 예고 편집이나자막 의뢰 같이 시급을 다투는 일보다 늘 우선순위에서 밀린다. 외주 인력에서 지급할 비용 청구서 작성이 미뤄져서 정산이 늦어지는 일이 다반사였다. 내가 조연출로 제작비 관리를 담당했을 때, 나는 오히려 미리 청구서를 보내 놓았다. 방송이 나간 다음날 바로 지급될 수 있도록 말이다. 그러다 보니 예능국에서 청구서를 가장 먼저 작성하는 조연출로 소문이 났다. 덕분에 〈뉴 논스톱〉으로 연출 데뷔할 때 최고의 스태프를 꾸릴 수 있었나.

PD가 된 후에도 청구서 지급을 우선 챙겼다. 조연출이 행정 업무를 미뤄 지급이 밀리면 따로 불러 잔소리도 했다.

"우리랑 같이 일하는 외주 인력들은 매달 사무실 임대료 내고 직원들 급여 주면서 일하는 거야. 방송사에서 제작비 지급을 미루잖아? 그들은 카드 대출받아서 피 같은 이자를 내가며 버텨야 한다고. 너한테는 청구서 작성이 사소한 일 같겠지만, 그들에게는 중요한 일이야. 언젠가 너와 함께 일하게 될 사람들한테 미리 인심을 잃을 필요가 없잖아."

대학을 졸업하고 방송사에 입사해 한 번도 임금 체불을 겪어본 적 없는 사람은 청구서 작성과 지급을 별개라 생각할 수 있다. 하지만 같이 일하는 사람들을 소중하게 여기는 사람은 자기가 일 처리를 안 해서 일한 대가를 못 받는 상황 자체를 만들지 않는다. 여기에 애정이 더해지면 미리 청구서를 써서 이왕이면 방송 다음 날 입금되게 하는 거다. 성실과 정성의 차이는 타인에 대한 애정에서 비롯된다.

앞서 꼰대처럼 잔소리한 것도 아무에게나 그러지 않는다. 나름대로 기준이 있다.

첫 번째, 내가 애정을 가진 사람이다. 애정이 없는 상대에게는 함부로 조언하지 않았다.

두 번째, 말하면 받아들이는 사람이다. 선배가 혼낸다고 생각하고 귓등으로 듣는 사람도 있고, 생각의 틀이 확고해 누가 뭐래도 안 바뀌는 사람이 있다. 뭔가를 지적하면 하나하나 변명을 늘어놓는 사람도 야단치지 않는다. 서로 불필요한 감정 소모를 할 바엔 말을 말자. 조용히 다른 사람에게 그 일을 위임하거나 내가 직접 했다.

예능 PD에게 타인에 대한 애정은 직무를 수행하는 직업 능력 중 하나다. 대중에게 잘 알려지지 않은 배우의 잠재력을 알아보고 딱 맞는 캐릭터를 만들어 줘서 매력적으로 보이게 만드는 게 일이다. 수십 대의 카메라를 돌리고 수십 시간의 촬영분을 놓고 편집할 때 출연자에 대한 애정이 없으면 그 매력을 포착하기 어렵다. 스태프에 대한 애정은 촬영장 분위기를 좌우하는 중요한 요소이기도 하다. 수많은 사람이 고도의 집중력을 가지고 장시간 일하므로 촬영이 길어질 땐 모두 예민해진다. 애정을 갖고 사람들을 지켜보면 멈춰야 할 때가 보인다. 숨 쉴 타이밍을 알게 되는 거다. 짧게는 3개월에서 길게는 2년 가까이 작품을 같이할 사람들이니 그만큼 팀워크가 중요하다. 환상의 팀워크는 애정이 있어야 발휘된다. 애정을 갖는다는 말을 단지 얼마나 좋아하는가로 해석할 필요는 없다. 중요한 것은 애정이 있어야 협력할 때 일의 질적 수준이 높아진다는 점이다. 모두가 각자의 자리에서 정성을 다하면 작품이 잘 된다.

물론 애정이 느껴지는 사람이 내 옆을 지키는 조연출이면 그렇게 좋을 수가 없다. 시청률에 대한 부담으로 지쳐갈 때 가장 가까이서 믿어 주고 지지해 주는 조연출은 천군만마와 같았다. 고마웠다. 나의 조연출들.

진심으로 들으면 열정도 움직인다

김 —— 연세대학교 심리학과 김영훈 교수가 쓴 《노력의 배신》을 보면, 저자는 그동안 사람들이 진리처럼 믿어 온 노력의 힘에 대해 의문을 제기한다. 어떤 일이 성과를 거두기 위해서는 노력보다 중요한 요소들이 많다는 거다. 책에서 소개하는 수많은 연구에 따르면 타고난 재능이나 환경이 노력보다 성공에 더 큰 영향을 미친다. 즉, 아무리 열정을 가지고 노력해도 안 되는 일이 있다는 거다.

절로 고개를 주억거리게 된다. 24년 동안 PD로 일하면서 노력해도 되지 않는 경우를 숱하게 보았다. 배우도 그렇고 작가도 그렇고 재능이 따라야 성공한다. 우리는 어려서부터 노력하면 성공한다는 신화를 믿고 자랐다. 돌이켜보면 정말 열심히 공부해도

1등 하는 애들은 따라잡을 수 없지 않았나? 충격적이게도 공부를 잘하는 것과 노력의 상관관계는 4퍼센트에 불과했다. 언젠가는 될 거라는 믿음으로 20년이 넘게 작가 지망생으로 공모전에 도전하는 사람들이 너무 많다. 그들 중 노력이 부족한 사람은 없었다. 재능과 환경이 뒷받침되지 않았을 뿐.

노력해 봤자 안 될 거니까 아무것도 하지 말라는 게 아니다. 사실 최선을 다해 봐야 그 일에 재능이 있는지 없는지 알 수 있다. 《영어책 한 권 외워봤니?》에서 영어 공부를 포기하기 전에 마지막으로 한 권만 외워 보자고 했다. 기초 회화 문장을 암기하는 과제는 외국어 재능의 시험지다. 평생 영어 공부를 해 본 적 없던 중년의 독자가 처음으로 영어책을 외워 보고 자기한테 외국어 재능이 있다는 걸 발견한 사례도 있다. 그러니 좋아하는 일을 시도도 안 해 보고 미리 포기하지 말라.

예능 조연출로 일할 때 다양한 프로그램을 맡았다. 〈인기가요 베스트 50〉에서 가요 순위 소개 영상을 만들기도 하고, 연예 정보 프로그램에서 영화 촬영장 스케치를 찍으러 다니기도 했다. 그 일도 재미있었지만 사실 내가 MBC에 지원한 건 해 보고 싶었던 게 있었기 때문이다.

어느 날인가 내 메일 주소를 본 부장님이 물었다. "사인펠드 Seinfeld 미국 시트콤 제목이지?" 미국 시트콤 〈사인펠드〉를 좋아해서 메일 주소로 썼고, 그런 시트콤을 만들어 보는 게 내 꿈이었다. 메일 주소에서 내 꿈을 알아 본 부장님은 얼마 후 나를 청춘 시트콤 조연출로 발탁했다. 그게 내 커리어의 전환점이 되었다.

PD의 역할 중 가장 중요한 건 사람을 잘 쓰는 거다. 작가, 배우, 스태프를 모아 하나의 프로젝트를 완수하는 것, 다른 분야의 리더와 비슷하다. 적재적소에 사람을 잘 쓰는 걸 '용인술'이라고 한다. 용인술이 능한 PD는 함께 작업하는 구성원들이 자신의 장점을 살려 창의성을 마음껏 발휘하고 아낌없이 노력을 기울이게 해서 결과적으로 작품의 완성도를 높인다. 내가 후배 PD에게 일을 맡길 때 고려했던 것은 그들의 열정이 어디에 있는지를 파악하는 것이다. 사람을 만나서 잘 어울리는 것을 좋아하는 사람에게 편집실에 틀어박혀 예고편을 만들라고 하면 미친다. 아티스트 성향이 강해 프레임 하나하나를 꼼꼼하게 보면서 편집하는 걸 좋아하는 사람에게 비즈니스를 맡기면 성과도 없거니와 사람도 잃는다.

나는 면접을 보거나 캐스팅할 때, 스태프를 꾸릴 때 어디 한 구석에라도 열정이 있는 사람을 우선했다. 열정이 있는 사람들은 호기심이 많다. 호기심이 많은 사람은 섬세하게 관찰하고 끊임없이 질문하고 중도에 포기하는 법이 없다. 그런 사람들을 뽑아 열정적인 참여를 끌어내기 위해서는 그들의 말을 잘 들어야 한다. 언제든지 말할 수 있는 분위기를 조성하고 어설픈 제안도 끝까지 듣는다. 대중적이지 않고 엉뚱한 의견을 말해도 지지를 보내

야 한다. 그리고 그들이 내놓은 아이디어를 적극적으로 활용할
수 있는 일을 맡긴다. 이처럼 진심으로 들으면 상대의 열정을 알
아보고, 그 열정을 움직이게 할 수 있다.

충정은 일하고 싶게 만든다

김 — 통역사로 일하다가 MBC 공채에 지원했을 때 내심 큰
기대를 하지 않았다. 방송에 대해 지식도 기술도 없었고 TV를 잘
보지도 않았다. 그런 나를 뽑아 주고 다양한 기회를 준 회사가 정
말 고마웠다. 어떻게든 회사에 손해를 끼치고 싶지 않았다. 그래
서 나는 대작이 아닌 소소한 로맨틱 코미디를 연출했고 제작비
관리에 엄청 신경 썼다. 비록 크게 이름을 날릴 기회는 없지만,
회사에 큰 손해를 끼치지 않겠다는 게 내 나름의 충정이었다.

MBC에서 함께 일한 조연출 중에 유명한 사람이 있다. 〈무한
도전〉을 만든 김태호 PD다. 내가 〈일밤〉 '러브하우스'를 할 때
내 조연출이었다. 나는 '러브하우스'를 만들기 전까지 시트콤만
연출한 로맨틱 코미디 전문 감독이었는데 갑자기 감동 버라이어
티 쇼를 연출하려니 어려웠다. 내가 엄청나게 헤매는 걸 본 부장

님이 당시 조연출들 사이에서 버라이어티 쇼 편집 감각이 가장 뛰어났던 김태호를 붙여 주었다.

보통 조연출은 촬영해 온 영상들을 보면서 PD가 무슨 생각으로 이걸 연출했는지 가늠하고 연출자의 의도에 맞추어 편집한다. 그런데 김태호는 달랐다. 촬영 순서와 상관없이 자기만의 이야기 구조를 만들어 전혀 다른 편집본을 만들어 냈다. PD가 찍어온 구성 안에서만 뭘 하려다 보면 제아무리 잘 뽑아도 PD가 기대한 것의 70~80퍼센트 수준밖에 못 뽑는다. 그런데 김태호는 내 구상에서 60퍼센트만 가져다 쓰고 자기 구상을 50~60퍼센트 더해서 110~120퍼센트짜리 결과물을 내놓았다. 그건 정말 예술이었다. 아, 이 친구가 나를 진짜로 도와주는 사람이구나! 그때 결심했다. 이 친구의 창의성이 위축될 만한 일은 절대 하지 말자고.

창의성을 발휘하는 데는 용기가 필요하다. 선배가 하는 말에 다른 의견을 내기가 쉽지 않은데 그는 항상 자기 생각을 말했다. 어떻게 그럴 수 있었냐고? 그에게 충정이 있기 때문이다. 김태호는 내가 더 잘 되면 좋겠다고 생각하는 사람이었다. 화면 오른쪽 위에 MBC 로고를 달고 나가는 방송이니까 더 재밌게 만들고 싶어 했다. 선배와 회사가 잘 되면 좋겠다는 진정성에서 우러나온 정성이 그가 우직하게 자기 스타일을 지켜 낼 수 있게 한 것이다. 김태호는 그 시절 나의 구세주이자 우리 프로그램의 은인이다.

김태호를 만나고 알게 되었다. PD는 가장 잘난 사람이 되는 게 아니다. 세상에 나보다 잘난 이가 얼마나 많은가. PD는 자기보다 잘난 사람을 주위에 모아서 같이 일하고 싶게 만드는 사람이다. 나보다 글을 잘 쓰는 사람을 찾아 대본을 맡기고, 나보다 매력적인 배우를 찾아 출연을 부탁하고, 나보다 미적 감각이 뛰어난 사람을 찾아 카메라 촬영을 맡긴다. 나보다 잘난 사람들을 모았으니 그들의 말에 귀 기울이면 된다. 리더가 잘 들으면 촬영장에 있는 50여 명의 사람이 전부 머리를 쓴다. 조직이 잘되고 프로젝트가 잘되도록 정성을 쏟는 거다. 반대로 독단적인 PD는 혼자서 머리를 쓰고 나머지 사람들은 시키는 일만 한다.

함께 일할 친구를 뽑을 때 보는 게 애정, 열정, 충정 이 세 가지인데, 반대로 내가 배우나 작가를 섭외할 때도 애정, 열정, 충정, 내가 가진 이 세 가지를 보여 준다.

"오래전부터 당신을 지켜보았고 배우(작가)로서 당신이 정말 잘되었으면 좋겠어요. 이번 작품은 제가 가진 모든 능력과 인맥을 동원해 만들어 볼게요. 열정을 불러일으키는 프로젝트거든요. 좋은 작품으로 완성해서 참여한 분들이나 회사나 다 같이 신나게 하고 싶어요. 당신의 필모그래피에 한 줄 더해진 이 작품이 다음에 더 많은 작품을 할 기회가 될 겁니다."

2장

마음을 움직이는
리더의 소통법

똑 부러지게 알려 주는 사람의 비밀

강 —— 상사는 잘 알려 주고 잘 들어 주는 사람이다. 우선 상사는 모르는 사람을 아는 길로 이끌어 줘야 한다. 구성원에게 어디로 어떻게 가야 하는지 알려 주는 것이 상사의 책무다. 이유는 간단하다. 잘 모르면 일을 잘할 수 없고 알아야 잘하니까 그렇다.

상사는 일이 돌아가는 상황을 알지만 구성원은 잘 모른다. 상사는 일을 지시하고 결과를 점검하고 시정할 뿐이다. 착수하는 일은 구성원들이 한다. 하지만 구성원은 대개 잘 알지 못한 상태에서 일을 시작한다. 그러니 잘할 리 만무하다. 천재이거나 눈치 빠른 사람이 아니고는 모르는 일을 잘할 수 없다. 반대로 상사가 알고 있는 걸 구성원이 모두 알면 누구나 일을 잘할 수 있다. 알고도 못 하는 바보는 뽑지도 않으니까. 즉, 어떤 일이 잘 돌아가지 않는다면 그 잘못은 알고도 알려주지 않은 상사에게 있다.

직장생활을 해 보니 일이라는 건 모르는 상태에서 아는 상태로 나아가는 암중모색의 과정이었다. 일이 끝나면 누구나 안다. '아 이렇게 하면 됐구나.' 다 알면 끝나는 게 일의 본질이다. 문제는 일이 끝나기 전에 알 수 있는 기회가 상사에게 집중된다는 사실이다. 팀원은 팀장 회의에 들어가지 못한다. 부서장은 임원회의 참석 대상이 아니다. 임원은 부서장, 팀장보다 많이 안다. 임원은 회삿돈으로 최고경영자과정에도 참여하고 조찬 강연도 듣는다. 많이 알게 된 건 자기 능력이 아니라 자리 덕분이다. 그렇게 알게 된 것을 사적으로 소유해선 안 된다. 공적인 앎이고 공유해야 할 대상이다.

모든 조직은 직급순으로 많이 안다. 청와대는 대통령이 가장 많이 알고 그다음이 비서실장, 수석비서관, 비서관, 행정관, 행정요원 순이다. 대통령이 지시하면 줄줄이 아래로 전달한다. 전달하는 것과 알려 주는 것은 다르다. 배경 설명 없이 할 일만 지시하는 건 알려주는 게 아니라 전달하는 것이다. 그렇게 진달받은 내용으로 아래 직원이 일한 후 위에 보고하면 윗사람이 더 많이 아니까, 더 아는 내용으로 바로 잡는다. 한 단계씩 올라갈수록 더 많이 아는 상사가 수정하는 것이다. 이쯤 되면 잘 알려주는 사람이 아니라 잘 고치는 사람이 유능한 상사가 된다.

직장에선 매일매일 전달하는 내려가기와 고치는 올라가기가 되풀이된다. 고질적인 악순환을 멈추려면 상사는 세 가지 중 하나를 해야 한다. 첫째, 일할 사람에게 알 수 있는 기회를 준다. 둘째, 알 기회를 독차지하고 있는 자신이 일을 한다. 하지만 팀원을 임원회의에 들어가게 할 수는 없는 노릇 아닌가. 임원이 모든 일을 할 수도 없다. 그렇다면 방법은 하나다. 셋째, 자신이 아는 걸 알려 주는 것이다. 그것이 상사의 일이다.

잘 알려 주기 위해선 자신부터 잘 알아야 한다. 내가 만난 사람 가운데 아는 것이 많은 상사의 공통점이 있다. 남이 하는 말을 열심히 듣는다. 들을 뿐 아니라 캐묻기도 한다. 이를 통해 자기 말에 써먹을 만한 내용을 얻는다. 메모에도 정성을 다한다. 기억의 한계를 기록으로 극복한다. 알려 주기 위해 그렇게 한다.

다음으로 일이 제대로 돌아가기 위해서는 아는 것이 많은데 그치지 않고 아랫사람이 무엇을 모르고 무엇을 알고 싶어 하는지 간파해서 그들을 암흑에서 광명으로 구출하려는 마음이 있어야 한다. 대체로 상사는 아랫사람의 사정을 잘 모른다. 잘 알아듣는 사람만 눈에 들어올 뿐, 모르는 채 끙끙 앓고 있는 사람은 보이지 않는다. 그래서 알아먹는 사람 중심으로 조직이 돌아가고 그 결과로 아는 사람은 더 알고 모르는 사람은 더 모르게 된다. 알려 주는 사람은 모르는 사람의 입장에서 알아야 하는 것을 차근차근 설명해 줘야 한다. 잘 알려 주는 상사의 유능함은 여기에 있다.

알려 주는 방법도 중요하다. 직장생활하면서 상사의 생각을 아는 방법은 다섯 가지였다.

첫째, 상사가 나를 직접 불러 알려 주는 경우다. 이때는 상사의 표정과 몸짓까지 모두 보면서 들을 수 있어 가장 알아듣기 좋았다. 말만 듣는 것과 표정까지 보는 건 차이가 크다. 대통령의 말을 들을 때도 그랬다. 대통령의 말과 말 사이에 취하는 포즈, 그 짧은 침묵의 순간에 담긴 표정까지 읽으면 말의 의미가 더 확연하게 와 닿았다. 요즘도 종종 느낀다. 강연장에서 김민식 PD랑 함께 책을 썼다고 말하면서 청중들의 표정을 본다. 그러면 그들이 표정으로 말하는 걸 읽을 수 있다. '나, 김민식 PD 알아요.' 그를 알고 있다는 걸 자랑이라도 하듯 좋아하는 감정이 표정에 드러난다.

둘째, 전화로 알려 주는 경우다. 이동 중에나 휴일 같은 날에는 상사가 전화해서 알려 주었다. 얼굴을 볼 수 없으니 대면해서 들을 때에 비해 놓치는 게 많았다.

셋째, 배석해서 듣는 경우다. 행사에 따라가서 듣거나 회의장 뒷줄에 앉아서 들어야 하는 때도 자주 있는데, 이때는 말하는 사람의 얼굴과 표정은 볼 수 있지만 질문을 할 수 없다는 문제가 있다.

넷째, 메모로 전달받는 경우다. 이때는 말로 들을 때보다 잘 못 알아들을 확률이 훨씬 높다. 역시 글보다는 말로 알려 주는 게 효과적이다.

다섯 번째, 사람을 통해 전달받는 경우다. 전달하는 과정에서 누락이 발생하거나 전하는 사람의 판단과 해석이 개입하게 돼, 진의가 왜곡될 가능성이 크다. 그런데 조직은 대부분 이런 방식을 통해 알려 주고 있다는 데 문제가 있다.

상사는 구성원에게 무엇을 알려 주어야 하는가. 다음 열 가지로 구분해서 생각해 보면 알려 줄 것이 명확해진다.

첫째, 무엇을 해야 하는지. 둘째, 그 일을 하는 취지, 목적. 셋째, 그 일과 관련한 현황과 사실. 넷째, 상황이 그렇게 된 이유, 원인, 배경. 다섯째, 그 일에 대한 자기 생각과 의견. 여섯째, 자신이 들은 정보. 일곱째, 자신이 알고 있는 지식. 여덟째, 자기 경험. 아홉째, 자신이 알고 있는 방법. 열째, 어느 수준의 결과물을 원하는지 알려 줘야 한다. 상사는 자신이 알려 준 내용이 구성원에게 제대로 전달되고 있다고 믿지만 그렇지 않을 때가 많다. 알려 주고자 하는 내용을 듣는 사람이 자기 방식대로 해석하기 때문이다. 그러므로 반드시 확인해야 하고, 알려 주고자 하는 내용을 단순하게 정리하고 짧게 전달하는 커뮤니케이션 능력이 필요하다.

일을 잘하게 하기 위해 잘 들어 준다

강 —— 상사는 또한 들어 주는 사람이다. 나는 잘 들어 주는 상사를 만났을 때 모든 것을 걸고 신명나게 일했다. 그런 상사는 내가 무슨 말을 하면 늘 이랬다.

"도대체 너는 어떻게 그런 생각을 다 하니? 그것 참 좋은 생각이다. 한번 해 보자."

그는 잘 들어 주는 것으로 나를 인정해 주는 상사였다. 나는 아무런 부담 없이 마구 아이디어를 던졌다. 그를 통해 나를 실현했다. 상사에게 제출할 기획안을 쓸 때는 밤을 새워도 힘들지 않았다. 심지어 친구와 술을 마시다 좋은 생각이 나거나 친구에게 새로운 정보를 들으면 가장 먼저 상사를 떠올렸다. '내일 출근해서 바로 말씀드려야지.' 아침 출근길이 가볍다 못해 날아갈 듯했다. 일찍 출근해 상사가 오길 기다렸다. 그렇게 더 나은 아이디어를 상사에게 주기 위해 노력하는 즐거운 직장생활을 통해 나는 하루하루 성장했다.

잘 들어 준다는 게 말처럼 쉽지 않다. 노무현 대통령이 "맞습니다. 맞고요"란 말을 자주 하게 된 배경에도 들어 줘야 한다는 강박감이 있었을 것이다. 상사가 들어 주기 힘든 이유는 대개 제안한 내용이 신통치 않기 때문이다. 아랫사람은 경험과 정보가 부족하므로 처음부터 좋은 안을 내놓기 어렵다. 자꾸 들어 주다 보면 스스로 성장해서 도움이 되는 아이디어를 내놓게 되는 것이다. 하지만 그때까지 참고 기다려 주지 않는다. 이런 상사가 하는 말이란 다음과 같은 것들 뿐이다.

"됐어. 쓸데없는 소리 말고 내 말대로 해."

"나에게 넘겨. 내가 하고 말지, 답답해서 견딜 수가 없네."

"결국 내 손을 거치지 않으면 되는 일이 없다니까. 나 없으면 어쩌려고 그래."

"도대체 당신들 뭐 하는 사람이야. 왜 그렇게 아무 생각 없이 사는지 원."

이런 사람은 완벽주의에 일 중독인 경우가 많다. 나름 유능하고 실력 있다는 소리도 듣는다. 애사심인지 공명심인지 모르지만, 아무튼 책임감이 강해 보인다. 하지만 여유가 없고 인내심이 부족하며 직원들을 믿지 못한다. 직원들에게 의견을 피력할 기회나 스스로 생각할 수 있는 여지를 주지 않는다. 조직에서 흔히 보는 상사의 유형이다. 이론과 실무에 밝은 게 무에 그리 자랑인가. 많이 알고 일솜씨가 좋은 것은 윗사람들이 보기에 훌륭한 것이지, 상사의 미덕이라곤 할 수 없다. 잘 들어 주는 상사는 여덟 가지 덕목을 갖추고 있다.

첫째, 시간을 내서 들어 준다. "바쁘니까 요점만 말해", "그래서 결론이 뭐야?" 이런 식으로 서두르지 않는다. 생각을 정리하지 못해 두서없이 말하는 사람의 말도 끝까지 들어 준다.

둘째, 듣고 나서 칭찬해 준다. 대부분 아랫사람은 상사에게 말하기를 꺼린다. 되도록 입을 다무는 경향이 있다. 그러니 상사에게 말했다는 것 자체가 칭찬받을 만한 일이다. "힘든 얘기 해줘서 고마워." 이런 말 한마디가 구성원들의 말문을 터준다.

셋째, 말에 묻어 있는 감정을 들어 준다. "너 지금 말하는 태도가 왜 그래?" "왜 이렇게 불만이 많아?" "너만 힘들어? 싫으면 관둬!" 이렇게 타박하지 않고 직원의 감정을 이해하고 받아들여 준다.

넷째, 질문을 통해 부족한 부분을 보완해 준다. "이걸 넣으면 더 좋을 것 같은데 어떻게 생각해요?" "이렇게도 생각해 볼 수 있는 것 아닌가요?" 등의 질문을 던져 놓쳤거나 미처 생각하지 못한 것을 스스로 채울 수 있게 이끌어 준다.

다섯째, 직원이 말한 것이 영글었으면 해 볼 수 있도록 기회를 준다. "그래, 그럼 한번 해 봐" 하고.

여섯째, 일이 잘못되면 나 몰라라 하지 않고 책임을 진다.

일곱째, 잘 되면 공을 독식하지 않고 일한 직원에게 나눠 준다.

끝으로, 자신에게 하는 쓴소리도 기분 나빠 하지 않고 잘 든는다.

회사 업무 중 80퍼센트는 다른 사람의 말을 듣거나, 내 말을 다른 사람에게 들려주는 것이라고 한다. 상사는 구성원에게 업무를 알려 주고 지시하는, 말하는 사람이기도 하지만, 구성원의 말을 끝까지 들어 주는 사람이어야 한다. 상사가 구성원의 말을 처음부터 끝까지 진지하게 듣는 태도를 보인다면 구성원은 자기 말에 대해 책임감을 느끼고 업무 처리의 과정을 꼼꼼하게 챙기게 된다. 이렇게 '경청'하는 노력으로 성과를 끌어낼 수도 있다.

싫어하는 일도 잘하게 하는 법

강 — 일이란 자고로 싫어해서 일이다. 그렇지 않으면 놀이다. "나는 평생 하루도 일하지 않았다. 그것은 모두 재미있는 놀이였다"라는 건 에디슨이나 하는 말이고, 직장인은 대부분 싫어하는 일을 한다. 싫어하는 일을 잘하기는 어렵다. 그래서 리더십이란 게 필요하다. 리더십은 싫어하는 일을 잘하게, 좋아한다고 착각하게 만드는 능력이다. 다른 말로 동기부여 역량이다. 동기는 말로써 부여된다. 상사는 말을 통해 일을 잘하고 싶게 만드는, 즉 동기를 부여하는 사람이다.

어느 직원은 상사가 던진 한마디에 내 인생을 회사에 걸어 보겠다고 마음먹을 수 있고, 또 어떤 직원은 실망해서 회사를 떠나기도 한다. 상사의 말 덕분에 일에서 보람을 느끼기도 하고, 말 때문에 스트레스를 받기도 하는 것이다. 윤태호 작가의 웹툰 〈미생〉을 원작으로 한 드라마에서 오상식 과장이 술에 취해 외치는 대사가 있다.

"니네 애 때문에 우리 애만 혼났잖아!"

힘든 하루를 보내고 집에 돌아온 인턴 장그래는 오 과장이 말한 한 단어를 되새긴다. "'우리 애'…." 냉혹한 직장에서 부침을 겪은 장그래에게 어떤 말보다 큰 위로가 된 한 마디였다.

잘 알려 주고 잘 들어 주는 정도에 따라 상사는 네 유형으로 나뉜다.

첫 번째는 잘 듣지 않고 잘 알려 주는 상사다. 나는 이런 상사를 만났을 때 일하기 편했다. 알려 주는 대로만 하면 되니까. 나같이 말귀를 알아먹고 말을 잘 듣는 사람은 이런 상사와 일하면 편하다. 상사가 과하다 싶을 정도로 상세하게 그림을 그려 주고 설명해 주기 때문에, 나는 상사가 그렇게 말하는 이유와 배경, 내게 기대하고 요구하는 내용만 잘 파악하면 상사가 원하는 결과물을 만들어 낼 수 있다. 일머리가 좋다는 칭찬도 듣는다. 하지만 이런 유형의 상사는 기대 수준이 높고 자기 생각을 고집하기 때문에 상사의 의중을 잘 알아차리지 못하거나 자기주장이 강한 사람은 견디기 힘들다. 줏대 없고 무조건 윗사람이 원하는 대로 맞춰 주려고 하는 나조차도 한때 주파수를 맞추기 어려운 상사를 만나 불협화음이 나기 일쑤였고 급기야 우울증을 앓기도 했다.

두 번째는 잘 알려 주진 않지만 잘 들어 주는 상사다. 일종의 자유방임형 상사로서 "일단 한번 해 보라"라고 한다. 보여 주면 그대로 받아 주는, 그야말로 날로 먹는 상사다. 나는 이런 상사를 만났을 때 성장했다. 잘 알려 주지 않기에 스스로 알아가야 하고 알려 주지 않은 것을 맞추기 위해선 그만큼 고민이 깊을 수밖에 없다. 나아가 내가 최후 보루라는 생각으로 주인의식을 갖고 이것저것 마음껏 시도해 볼 수 있었다. 일은 누구에게 배우는 것이 아니라 스스로 해 보고 배울 수 있다는 것을 그의 밑에서 깨달았다.

세 번째는 잘 알려 주지도 잘 들어 주지도 않는 상사다. 알려 줄 실력은 없는데, 내가 해 오는 것도 마음에 안 들어 "이건 아닌데"만 되뇔 뿐 받아 주지 않는다. 욕심은 많지만, 고쳐 줄 능력은 없다. 죽어라 일해서 갖다 바쳐도 통과를 안 시키고 그렇다고 더 나은 방안을 내놓지도 못한다. 이런 유형은 윗사람에게 퇴짜를 맞는 일에 익숙해져 있다. 이런 상사를 만나면 되는 일도 없고 덩달아 무능한 직원으로 묶이기도 한다. 가장 모시기 힘든 상사다.

네 번째는 잘 알려 주고 잘 들어 주는 상사다. 가장 바람직한 유형이다. 이런 상사를 만났을 때 출근하는 발걸음이 무겁지 않고 월요일이 두렵지 않다. 잘 알려 주는 상사는 자기가 아는 것에서 직원을 소외시키지 않으며, 잘 들어 주는 상사는 직원을 존중하고 인정해 준다. 잘 알려 주면 안전감과 신뢰감을 느끼고, 잘 들어 주면 자기표현과 자아실현의 기회가 주어진다. 그러면 힘들지 않을 뿐 아니라 무엇을 해도 신명 난다.

상사가 아무리 전문 지식이 많고 탁월한 기술을 가졌다고 해도 조직원에게 전달하고 공유할 수 있는 소통 능력이 부족하다

면 진정한 리더라고 할 수 없다. 잘 알려 주고 잘 들어 주는 것이
야말로 상사에게 꼭 필요한 역량이다.

똑똑하고 게으른 상사가 좋은 이유

김 —— "민식이는 평생 딴따라 날라리로 즐거움만 추구하고 살
았는데 2012년에 왜 갑자기 미쳐서 파업에 나서고 그렇게 열심
히 싸운 거야?"

나를 오래 알아 온 사람들은 예능과 드라마를 만들던 내가
MBC 정상화라는 기치를 내걸고 파업의 선두그룹에 서 있는 걸
좀처럼 이해하지 못했다. 80년대에도 민주화를 위해 투쟁한 적
없던 내가 머리띠를 둘러맨 건 상사 때문이었다.

상사의 유형은 똑똑한가 멍청한가라는 기준과 부지런하냐 게
으르냐의 기준으로 구분하기도 한다. 똑똑하고 부지런한 상사(똑
부), 똑똑하지만 게으른 상사(똑게), 멍청하지만 부지런한 상사(멍
부), 멍청하고 게으른 상사(멍게)다.

나는 방송에 문외한인 상태로 MBC에 입사하여 조연출을 거
쳐 처음 연출한 청춘 시트콤 〈뉴 논스톱〉으로 백상예술대상 신

강원국 × 김민식 말하기의 태도

인연출상을 받았다. 공대를 나와 영업사원을 하던 내가 MBC에서 연출 실력을 갈고닦을 수 있었던 건 내 말을 잘 들어 주고 일을 잘 가르쳐 주는 최고의 상사를 만난 덕분이다.

방송사는 성과를 매기기 좋은 조직이다. 매일 시청률이라는 점수가 공개된다. PD나 기자는 대중의 집단지성에 의해 실력을 평가받는 사람들이다. 40~50대에 국장이 된 사람들은 성공한 실력자들이다. 20~30대에 자기 일에 모든 것을 쏟아붓기 때문에 관리자급이 되면 거의 방전된다. 방송사에서 실력 있는 사람이 상사의 자리에 오르면 후배들에게 현업을 맡기고 자신들은 후배 PD의 자율성을 존중한다. 만일 후배 PD의 성과가 나쁘면 그제야 나서서 방패막이가 되어 준다. 이른바 똑똑하고 게으른 상사들이 이렇게 실력을 보여 준다. 30대 내내 이런 '똑게' 상사 밑에서 나는 정말 즐겁게 일했다.

어느 순간 MBC의 기업 문화가 바뀌었다. 이득렬, 김중배, 엄기영에 이르는 이전 MBC 사장님들은 잘나가는 언론인이거나 MBC 간판 앵커 출신이었다. 대중에게 인지도도 있고 후배들의 신임을 받는 인사가 올랐던 사장 자리에 이명박 정권의 낙하산을 타고 김재철이 내려왔다. 모두의 예상을 벗어난 인선이었는데, MBC 구성원 대부분이 '저런 사람이 있는지도 잘 몰랐던' 인사였기 때문이다. 그는 정치부 기자 시절부터 국회의원 이명박과 친분을 쌓았다고 한다. 이명박 정권의 노림수는 될 만한 사람 중에서 사장을 뽑으면 말을 듣지 않을 테니 '설마 저런 사람'을 뽑아 충성 맹세를 받는 거였다.

얼마 전 유시민 작가의 B급 인사론이 화제가 되었다. 책임자가 A급이면 그 밑에 A급 인재가 들어오지만, B급이면 A급은커녕 B급도 쪽팔려서 안 가고 C급이나 D급만 들어온다는 이야기다. 김재철이 사장이 된 후 '명부'들이 몰려왔다. 자기 밑에 있는 국장, 본부장 자리마다 조직에서 뒤처진 사람들을 골라 중용했다. 진보 정권 10년 동안 국장, 부장 자리에 못 올라간 사람들이 덜컥 상사의 자리에 들어앉았다.

MBC 여의도 사옥 8층에 음악 자료실이 있었다. 8층 복도에서 고개를 푹 숙이고 바닥만 보고 다니는 사람과 몇 번 마주친 적이 있다. 한물간 가수의 매니저인가 싶었다. 나중에 노조 부위원장이 돼서 라디오 본부장을 만나러 갔는데 그 사람이 앉아 있는 걸 보고 기겁했다. '명부'들은 젊어서 성과를 올리지 못한 게 회사에서 기회를 주지 않은 탓이라 생각한다. 30대에 중요한 프로그램을 맡아 일을 열심히 해 본 적이 없으니 50대가 되어서도 체력이 남아돈다. 그는 자신을 크게 써 주는 사장을 위해 노조와 후배들의 군기를 잡겠다고 의욕을 불태웠다. 김미화, 김제동 등 잘나가는 진행자들을 자르고 MBC 라디오의 경쟁력을 나락에 빠뜨렸다.

얼마 전 한 유튜브 방송에 출연해서, 30대에는 열심히 일해서 조직에서 인정받고 40대에 관리자가 되면 팀원들 끌고 회식하지 말고 칼퇴근 후 책을 읽고 공부하며 자신만의 브랜드를 만들라고 했다. 그 영상에 '저런 관리자 밑에서 직원들이 얼마나 고생했는지 눈에 선하다'라는 댓글이 달렸다. 나는 40대 부장이 게으른 게 좋았다. 자기는 결과에 책임만 지겠다며 딴짓하고 나한테 다 맡겨 주면 신나서 일할 맛이 났다. 고생이라고 생각한 적이 단 한 번도 없었다.

사람마다 일하는 스타일이 다르고 입맛에 맞는 상사도 다르다. 아랫사람은 크게 추종형과 자율형으로 갈리는데, 자율형인 사람들은 똑부 상사 밑에서 성장하기 힘들다. 아무리 열심히 해도 밖에서는 능력 있는 상사 덕분에 성과가 난다고 생각해 잘해도 티가 나지 않는다. 자율형 직원에게는 똑게가 최고의 상사다.

똑똑하고 게으른 상사는 평소 후배를 믿고 일을 맡기지만 후배가 헤맬 때 슬쩍 도와준다. 콘텐츠를 만드는 일의 특성일지도 모르지만, 후배 PD가 아무리 허튼짓을 해도 기본만 잘 찍어 어느 정도 완성하면 상사가 몇 군데 핵심만 보완해도 아주 쓸 만한 게 나온다. 똑게 상사 역시 그 자리에 오르기까지 누가 시키지 않아도 자율성을 갖고 온갖 일을 겪으며 노하우를 익혔기 때문이다. 웬만한 후배들의 고충을 잘 알고 있어서 자기를 키워 준 똑게 상사들이 해 준 것처럼 간섭하지 않고 꼭 필요한 만큼만

도와준다.

멍청하고 부지런한 상사가 최악인 이유는 자율적으로 일해 본 경험이 많지 않다는 거다. 시키는 일도 잘 알아먹지 못하고 어떻게 해 본들 "이건 아닌데" 소리를 듣는다. 그러면서도 상사의 마음에 들 때까지 포기하지 않고 몇 배의 시간을 들인다. 그런 사람에게는 일일이 간섭하고 세심한 관리를 하는 사람이 유능한 상사다.

보통 우리는 20대부터 시작해 30년가량 직장생활을 한다. 직장생활의 대부분은 아랫사람으로 일하고, 상사로 일하는 시간은 짧다. 일 잘하는 상사 한 명이 조직의 구성원에게 미치는 영향력은 상당하다. 따라서 상사의 유형을 파악하고 그것에 맞는 적절한 소통 방법을 찾아야 한다. 앞서 말한 똑똑하고 게으른 상사라면 스스로 업무의 큰 틀을 확인하고 구체화할 수 있어야 한다. 상사에게 결정해 달라는 식의 대화보다는 자신의 의견을 갖고 제안해 보자. 상사가 선호하는 대화법이나 업무 스타일이 다르므로 상사의 말과 행동을 관찰하고, 상사의 언어를 이해하는 노력이 필요할 것이다.

소통하면 갈등이 풀린다

강 —— 일 잘하는 상사는 갈등 조정에 능하다. 갈등은 발전의 걸림돌이 될 수도, 변화의 디딤돌이 될 수도 있다. 갈등을 관리하는 역량이 리더십의 요체이고 갈등은 상사의 소통 역량에 의해 관리된다. 그렇다면 상사는 어떻게 갈등을 관리하고 조정해야 하는가.

먼저 갈등을 감수하는 용기가 있어야 한다. 갈등 상황은 소통이 가장 필요한 순간이다. 귀찮고 골치 아프지만, 갈등을 의제화해서 수면 위에 올려놓아야 한다. 갈등을 감수함으로써 갈등을 풀어 가야 하는 것이다.

개방적인 토론 분위기를 조성하고 균형 있고 공정한 공론의 장을 마련하는 것도 상사가 해야 할 일이다. 뒤엉킨 갈등 상황을 풀려면 서로의 처지와 입장에 대한 이해와 공감 수준을 높여 나가야 하고, 이를 위해서는 자유로운 의견 개진과 상호 비판이 이루어져야 한다. 이때 의견을 펼치는 과정에서 사실이 아닌 내용을 퍼트리거나 증오만 부추기는 감정싸움이 되지 않도록 관리해야 한다. 이런 역할에 태만하면 중간지대에 있는 대다수는 갈등을 외면하고, '모 아니면 도' 식의 치킨게임으로 치달아 양극단의 목소리만 커져 결과적으로 갈등을 더욱 첨예하게 만든다.

갈등을 조정하려면 포지션을 잘 잡는 것도 중요하다. 나는 선수인가, 감독인가, 심판인가, 아니면 관중인가. 갈등 사안에 따라 노무현 대통령처럼 운동장에 직접 뛰어들어 '선수'로 뛸 필요도 있다. 김대중 대통령처럼 전면에 나서지 않고 한발 뒤에서 '감독' 역할을 할 수도 있다. 기업에서 국내와 해외 부문, 개발과 영업 파트 간 갈등이 있을 때 최고경영자는 '심판' 역할에 충실해야 한다. 부서장이나 본부장은 담당 부서나 본부 안에서 갈등이 불거졌을 때 되도록 개입하지 않고 구성원들이 자율적으로 해결할 수 있도록 말없이 지켜보는 '관중'의 태도를 보일 수도 있다. 하지만 어느 한 편에 서서 물밑에서 그들을 응원하면 갈등을 더 부추기게 된다. 어떤 포지션을 취하느냐에 따라 말의 형식도 선언, 담화, 발표, 간담회, 면담 등 다양해질 수 있다. 포지션을 잘못 취하면 갈등을 조정하는 게 아니라 조장하는 결과를 만들 수도 있다.

무엇보다 갈등의 성격과 본질을 파악해야 적절한 대응이 가능하다. 갈등은 세 가지 이유로 일어난다. 힘겨루기 즉, 권력 다툼, 이익 다툼, 정체성과 명분의 싸움이다. 이해타산 갈등이 명분의 탈을 쓰기도 하고 권력 다툼과 이익 다툼이 한 쌍을 이루기도 하지만 갈등의 속성은 힘, 이익, 명분이다. 세 측면을 중심으로 왜 갈등이 일어났는지부터 파악한 후, 그에 맞는 해결 방식과 더불어 사는 길을 찾아야 한다. 철저하게 경쟁시키는 방식을 택하든, 중재를 통해 타협하게 하든, 어느 한쪽이 상대를 수용하거나 양보하게 하든, 상호 협력하게 하든 말이다.

일 잘하는 상사는 갈등 조정을 기반으로 의사결정을 잘한다. 직장생활은 의사결정의 연속이다. 직급의 높고 낮음을 떠나 그렇다. 조직 구성원 모두는 오늘 몇 시에 출근해서 누구와 만나고 무슨 일을 처리할지 의사결정을 해야 한다. 의사결정은 상사가 하는 일의 거의 전부라 해도 과언이 아니다. 상사는 이를 위해 보고를 받고 회의도 한다. 의사결정을 잘하느냐 못하느냐가 조직의 운명을 좌우한다. 의사결정을 잘하기 위해서는 세 가지 역량이 필요하다.

첫째, 할지 말지 결정하는 자신만의 원칙이 있어야 한다. 안정과 현상 유지를 할 것인지, 변화와 발전을 꾀할지 등으로 말이다.

둘째, 어느 것을 선택할지 기준이 있어야 한다. 선택의 기준은 명분과 실리일 수도 있고 이상과 현실일 수도 있다. 인력 구조조정을 놓고 고용 창출이라는 '사회적 책무'와 이윤 증대라는 '기업 본연의 목적' 앞에서 갈등할 수 있다. 이런 선택 앞에서 자기만의 기준이 있어야 의사결정이 수월해진다.

셋째, 조합하고 정리하는 능력이 있어야 한다. 경영자라면 내부 직원뿐 아니라 고객, 주주, 정부에서 나오는 이런저런 말을 듣고 조정과 절충, 합의, 승복을 끌어내는 의사결정을 할 수 있어야 한다. 이를 위해 거시환경이나 경쟁사, 이슈, 시나리오를 분석하는 역량과 함께 생각을 공유하고 토론하는 실력이 필요하다.

의사결정은 혼자서만 할 수 없다. 의사결정은 결단이 아니라 과정이기 때문이다. 갑자기 떠오르는 생각으로 결정하는 것이 아니라 일의 목적과 조직의 목표에 맞게 일이 추진되도록 다른 사람의 의견을 듣고 반영해야 한다. 이런 소통의 과정을 거쳐야 실수를 줄이고 갈등도 해결할 수 있다.

속도가 아니라 방향을 제시한다

강 — 일 잘하는 상사는 비전을 제시한다. 구성원이 희망과 자신감을 갖고 일하게 하려면 비전이 있어야 한다. 그러기 위해서는 상사 자신부터 낙관주의자가 돼야 한다. 일이란 될 것이라고 확신해도 될까 말까다. 직장에서는 안 될 거라고 비관한 일이 되는 기적은 거의 일어나지 않는다. 낙관주의자는 '한계'가 없고 비관주의자는 '한 게' 없다는 우스갯소리도 있지 않은가.

막연한 낙천주의는 곤란하다. 무턱대고 잘 될 것이라고 기대

강원국 × 김민식 말하기의 태도

하는 게 아니라, 이유와 근거를 갖고 낙관해야 한다. 희망의 증거를 말하고 그것을 실현하기 위한 구체적인 방법까지 제시할 수 있어야 한다. IMF 경제 위기 극복 과정에서 김대중 대통령이 보여 준 리더십이 그 모범이다. '수출 증대와 구조 혁신을 통해 2년 안에 외채를 모두 갚고 IMF를 졸업하자'라는 그의 계획과 설득력 있는 논리는 국민이 스스로 고통을 분담하고 금 모으기 운동에 동참하게 했다. 그리고 마침내 외환위기를 성공적으로 극복했다.

비전을 제시하는 게 리더라면 그러한 비전을 바라보고 자신의 한계를 조금씩 넘어서는 것은 구성원이 해야 할 일이다. 나도 분명한 비전이 보였을 때 열과 성을 다했다. 기업에서 임원으로 일할 때 회장이 나를 불렀다.

"자네도 계열사 사장 한번 해야 하지 않겠는가."

그 순간부터 가슴이 뛰기 시작했다. '주인의식을 갖고 일한다는 게 이런 것이구나' 생각하며 일했다. 하지만 내게는 치명적인 약점이 있었다. 개인적인 비전이 없었다. 내가 사장이 되면 이런 일을 해서 회사를 이렇게 발전시키겠다, 구성원을 위해 이런 일을 하고 싶다 하는 비전이 내게는 없었다. 그것까지 회장이 만들어 줄 순 없는 노릇이었다. 결국 나는 회장이 제시한 비전을 이루지 못하고 회사를 그만두었다.

비전은 너무 쉽게 달성할 수 있어도 곤란하고 너무 어려워도 안 된다. 너무 쉬우면 목표 의식이 생기지 않고, 너무 어려우면 도전하지 않는다. 있는 힘껏 도전하면 이룰 수 있는 수준이어야 한다. 비전은 또한 너무 막연해서도 너무 구체적이어서도 안 된다. 너무 구체적이면 설렘이 없고 너무 막연하면 손에 잡히질 않는다. 어느 쪽으로도 치우치지 않는 비전을 제시하는 건 어려운 일이다. 그래서 일 잘하는 상사만 할 수 있다.

강원국 ✗ 김민식 말하기의 태도

3장

사람이 따르는
말 한마디의 힘

마음이 말의 품격을 만든다

강—— 라디오 프로그램 〈강원국의 지금 이 사람〉에서 가수 정태춘 선생님을 인터뷰한 적이 있다. 정말 말수가 적었다. 라디오 인터뷰 도중에 이러다가 방송 사고가 나는 건 아닌가 조마조마한 마음이 들 정도였다. 보통 사람들은 침묵을 못 견뎌 하는데 정태춘 선생님은 전혀 개의치 않고 말을 꾹 누르고 삼켰다. 말해야한다는 조바심을 내기는커녕 주로 듣는 태도를 보이니 내가 더 많은 말을 해야 했다. 처음에는 높은 연배 때문인가 했는데 그게 그의 말하기 태도였다.

내가 정태춘 선생님과 같은 유형의 사람을 직장에서 만난 적이 있다. 지금도 나는 그 당시를 내 회사 생활의 화양연화로 꼽는다. 내 손위 상사였던 그분은 들음으로써 말하는 사람이었다. 누가 내 말에 귀 기울여 주면 기분이 좋고 내 말이 좀 먹히나 보다 싶잖은가. 그때 내가 느낀 게 안정감이었다. 안전감이라고도 할 수 있다. 말을 하다 보면 감정의 꼬투리를 잡힐 때가 있다. "너 오늘 말본새가 이상하다. 나한테 기분 나쁜 거 있냐?" 상대가 이렇게 나올 수도 있기 때문에 우리는 말하는 게 불안하다. 그런데 그 상사 앞에서는 어떤 말을 해도 안전하다는 느낌이 들었다.

다음으로 느낀 건 소속감이었다. 내가 상대방과 연결되어 있다는 소속감은 안전감에서 한발 더 나아간 개념이다. 이는 단순히 신변의 안전을 의미하는 것이 아니라 조직의 일원으로서 울타리 안에 들어가 보호를 받으며 인정받는다는 느낌이다.

그런 소속감이 생겨난 다음에는 효능감을 느끼게 된다. "그 아이디어 참 좋아!" 이런 말을 들으면 효능감이 생긴다. 거기서 더 나아가 "그럼 한번 해 봐"라는 말을 듣고 일을 진행해 결과물을 얻으면 성취감을 느낄 수 있다. 아랫사람이 성취감을 느끼게 하려면 윗사람이 책임을 져줘야 한다. 일이 잘못되었을 때 책임을 져야 한다는 두려움으로부터 자유롭다면 사람은 더 혁신적인 시도를 하고 과감한 도전에 나설 수 있다.

내 이야기를 들어 주고 내게 기회를 줌으로써 안전감과 소속감, 효능감, 성취감까지 느끼게 해 준 사람에게 감사하는 마음이 드는 것은 당연한 일이다. 어찌 보면 이런 것들이 우리가 느끼려 하는 감정의 전부인 듯하다. 이런 감정을 느끼게 하는 가장 손쉬운 방법은 상대방의 이야기를 들어 주는 것이다. 반대로 누군가에게 무시당한다거나 모멸감을 느끼면 인간이 가장 꺼리는 열등감과 같은 감정이 생겨난다.

예전에 말 잘하는 방법을 이야기하면서 "가장 최선은 해야 할 말을 하고 해서는 안 되는 말은 안 하는 것이고, 최악은 해야 할 말은 안 하고 해서는 안 되는 말을 하는 것"이라고 한 적이 있다. 직장 상사의 경우에도 이를 고스란히 적용해 볼 수 있다. 윗사람한테 해야 할 말은 못 하고 아랫사람한테 하지 말아야 할 말만 하는 상사는 최악이다. 사장이 "이거 당신네 부서가 해!"라고 말했을 때 "사장님, 이 일은 저희가 아니라 기획부가 해야 하는 겁니다"라고 답해야 하는데, 그 말을 못 하고 일감을 들고 와서 부서원들에게 떠맡기고, 이에 대해 직원들이 이의를 제기하면 노발대발하는 사람들이 있다. 누구도 좋은 상사라고 생각하지 않을 것이다. 회사에서 좋은 상사가 될지 나쁜 상사가 될지 또한 말하기에 달린 셈이다.

정태춘 선생님처럼 말수는 적지만 말그릇이 큰 사람은 품격이 있다. 넓은 바다처럼 사람들을 품어 주고 늘어 줌으로써 밀하게 해 주는 사람. 리더가 앞장서서 말하는 사람이라면, 정태춘 선생님 같은 이들은 리더를 만들어 주고 키워 주는 사람이다. 이런 사람 곁에는 좋은 리더들이 포진해 있다. 어찌 보면 리더들의 리더라 하겠다.

옛날에는 가수들이 앨범을 낼 때면 마지막에 반드시 건전가요를 한 곡씩 수록해야 했다. 그게 위법이라고 헌법재판소에서 가요 사전 심의 위헌 결정을 받아 내기까지 물심양면으로 애쓴 이가 정태춘 선생님이다. 앞에서 목소리를 높이고 마이크를 쥐고 악을 써서 해낸 일이 아니라 소리 없이 뒤에서 한 일이다.

자신을 존중하는 사람의 말하기

강 —— 훌륭한 리더의 조건으로 신언서판身言書判을 든다. 용모, 언변, 문체, 판단력이 그것이다. 이 가운데 나는 사람의 말을 유심히 본다. 말이 곧 그 사람이라고 믿기 때문이다. 최고의 상사들의 말에는 자신을 믿고 존중하는 마음, 성취하고 싶은 마음, 배려하는 마음, 진실한 마음이 묻어난다. 마음이 말의 품격을 만든다.

자신을 믿고 존중하는 사람은 자기 생각을 잘 길어 올린다. 자기 안에 길어 올릴 생각이 있다고 믿는다. 그래서 주변을 기웃거리지 않는다. 자기 안에 무슨 생각이 있는지 탐색하는 걸 즐기며 기어코 끄집어낸다. 그러므로 그들은 말하는 걸 두려워하지 않는다. '그까짓 거 말하면 되지'란 생각으로 말한다. 실패를 두려워하지 않고 위험을 감수할 줄도 안다. 하지만 자신을 못 믿는 사람은 나설까 말까 망설인다. 머릿속으로만 온갖 말을 다 해 보며 '이렇게 말하면 남들이 뭐라 할까?' 과도하게 의식해서 결국 말하지 못한다. 그리고 나중에 '이렇게 말할걸' 하면서 후회한다. 다른 사람의 말을 들으며 "나도 저 정도는 말할 수 있는데" 빈정대고, "왜 너희들만 목소리를 높여?" 하면서 화를 내기도 한다.

감추기 시작하면 할 말이 없다. 그러나 자신을 존중하는 사람은 자신의 약점과 허물도 거리낌 없이 말하며 자신을 솔직하게 드러낸다. 사람들은 그런 말을 듣고 싶어 한다. 위안과 용기를 얻기 때문이다.

대화할 때도 마찬가지다. 먼저 속내를 털어놓아 보라. 감정과 느낌을 솔직하게 얘기하고 빈틈을 보여 주면 마음이 열린다. 상대는 나의 실패담을 들으며 경계를 풀고 오히려 인간미를 느낀다. 말은 잘난 체보다 못난 체할 때 제대로 먹힌다.

자신을 믿는 사람은 남의 평가에 일희일비하지 않는다. 호평받았다고 우쭐하지도 혹평에 의기소침하지도 않는다. 이런 사람을 말로 상처 주기란 쉽지 않다. 받아들일 건 흔쾌하게 받아들이고, 무시할 것은 '그건 당신 생각이고, 내 생각은 다르다'라고 여긴다. 그래서 쭈뼛쭈뼛하지 않고 기탄없이 자기의 소신을 말한다.

자신을 믿고 존중하는 사람은 말을 잘하고자 하는 욕심은 있지만, 가진 것보다 더 많이 가진 것처럼 보이려고 과욕을 부리진 않는다. 50을 가진 사람이 80을 가진 것처럼, 80을 가진 사람이 100을 가진 것처럼 과장하지 않는다는 얘기다. 그들은 자신을 있는 그대로 보여 줘도 괜찮다고 생각한다. '내 수준이 이 정도인데 어쩔 수 없는 것 아닌가'라는 생각으로 그냥 말한다.

결과를 만들어 내는 리더의 말

강 —— 상사가 성취하는 것의 대부분은 말로써 이루어진다. 상사의 말은 말로 끝나서는 안 된다. 결과를 만들어 내야 한다.

모든 말에는 목적이 있다. 그 목적에 충실한 말이 좋은 말이다. 재미와 친교를 위한 말은 농담과 유머에 충실해야 한다. 사실과 정보를 전달하고 설명해야 할 때가 있으며, 원인 분석과 문제 해결을 위해 말해야 할 때도 있고, 공감과 설득을 위한 말하기도 있

강원국 × 김민식 말하기의 태도

다. 또한 칭찬과 꾸중, 거절, 사과, 지시, 보고, 부탁 등 다양한 목적에 따라 내용과 방법을 달리해서 말해야 한다.

목적을 이루는 말을 하기 위해서는 말하기 전에 먼저 '나는 무엇을 얻기 위해 말하려고 하는지' 말하는 이유를 생각해야 한다. 그리고 말할 때는 '내가 지금 목적에 부합하게 말하고 있는지' 상기해야 한다. 또한 말한 다음에는 '내가 말한 목적을 달성했는지' 복기해야 한다. 말하는 목적을 이루지 못했으면 반성하고 원인을 찾아봐야 한다. 말이 결실을 보려면 누군가 일해야 하고, 상사는 내 말이 잘 이행되고 있는지, 어떤 결과를 낳았는지 점검해야 한다. 말이 말로 끝나면 위엄이 서지 않는다. 구성원들이 '저러다 말겠지, 이 시간만 넘기자'라며 아무것도 하지 않으면 상사의 말은 그야말로 씨알도 안 먹히는 소리가 된다. 그래서 대통령실이나 회장 비서실에서는 대통령이나 회장의 발언 대로 이행되는지 챙기고, 그 결과를 가지고 포상하거나 질책한다.

그렇다면 지금 대통령실은 어떤가. 윤석열 대통령 말에 영令이 서지 않고 있다. 영이 서지 않으니 되는 일이 없다. 왜 영이 서지 않는가. 윤 대통령의 말에는 다섯 가지가 없다.

첫째, 책임감이 없다. 자꾸 남 탓을 한다. 남에게 핑계를 대기 시작하면 자신은 할 일이 없다.

둘째, 말에 자기가 없다. 유체 이탈 화법을 구사한다. 남을 심판하고 정죄하려고만 할 뿐 자기 잘못을 인정하거나 사과하지 않는다. 잘못을 인정하지 않으니 반성이 없고, 반성이 없으니 개선도 없다.

셋째, 일관성이 없다. 이전에 한 말 다르고 지금 하는 말이 다르다. 여기서 한 말 다르고 저기서 한 말이 다르다. 자주 말을 바꾸니 말에 믿음이 가지 않는다.

넷째, 구체성이 없다. 말이 모호하고 추상적이다. 말이 구구한 해석을 낳는다. 그래선 말이 실행으로 옮겨지기 어렵다.

끝으로, 말속에 상대에 대한 존중이 없다. 반말에 욕설까지 한다. 오만하고 불손하다.

종합해 보면 하나의 결론에 이른다. 무엇을 성취하기 위해 대통령이 되었는지 모르겠다는 거다. 이루고자 하는 바가 있었는지, 그저 대통령이 되어야겠다는 생각밖에 없지는 않았는지 의심스럽다.

낮출수록 커지는 겸손의 말

강 — 말은 상대가 있다. 내 말을 듣는 사람에 대한 배려가 말의 성패를 가늠한다. 남을 배려하기 위해서는 나를 내려놓아야 한다. 자신에 대한 절제와 상대를 향한 존중이 필요하다. 한마디로 겸손해야 한다.

사람들이 내게 "당신은 겸손한 것이 매력"이라고 말한다. 내가 겸손할 수밖에 없는 이유가 있다. 내가 몸담았던 조직에는 실력자들이 많았다. 난다 긴다 하는 사람만 상대해야 했다. 그런 조직에서는 약자로 행세해야 그들의 도움과 보호를 받을 수 있다. 잘난 사람은 적이 많고 모난 돌은 정 맞는다는 사실을 진즉에 알았다. 그래서 선을 넘지 않기 위해 노력했다.

어느 회장 비서실에서 일할 때, 내가 일하는 층에 회장과 회장의 아들 방이 함께 있었다. 나는 복도에서 아들과 마주칠까 봐 화장실 가는 것도 두려워했다. 아들 앞에서 어느 정도 공손하게 인사해야 하는지 가늠이 되지 않았다. 머리를 너무 조아리면 스스로 비참하고, 너무 뻣뻣하게 인사하면 건방지다는 소릴 들을 수 있기 때문이다.

나는 기회가 와도 욕심부리지 않는다. 내 수준을 들킬 것 같으면 잽싸게 다른 이에게 넘겨준다. 나는 늘 내 수준을 들키지 않아 다행이라고 생각한다. 그뿐만 아니라 내 수준보다 높게 대우해주는 사람들에게 감사하다.

내가 공식적으로 사람들 앞에서 말을 처음 한 것은 2016년 한겨레TV에서 제작한 인터넷 방송 김어준의 〈파파이스〉에 출연했을 때였다. 나의 이 데뷔 무대를 무려 200만 명이 넘는 사람이 보았다. 처음으로 많은 사람 앞에서 말하는 자리였기 때문에 나는 엄청나게 떨리고 긴장해서 말을 조심스럽게 했다. 사람들 눈에는 그 모습이 겸손하게 보였던 것 같다.

나를 겸손한 사람으로 보는 이유는 또 있다. 내 말의 많은 부분에 김대중 대통령과 노무현 대통령이 등장한다. "나는 대통령 연설문을 쓴 사람이 아니고 대통령께 연설문 쓰는 법을 배웠다"라고 말할수록 사람들은 나보고 겸손하다고 했다. 나는 두 대통령 앞에서 겸손할 수밖에 없는 사람이어서 그렇게 말했는데 나는 그렇게 또 겸손한 사람이 됐다.

대화할 때 겸손해지려면 내 말을 많이 하기보다는 남의 말을 듣고 그의 마음과 사정을 읽는 데 주력해야 한다. 내 속에 내가 너무 많으면 다른 사람이 들어올 자리가 없다. 마음에 빈자리가 없는 사람은 꽉 찬 주차장에서 자리를 찾아 헤매는 것처럼 답답하다. 소통하려는 사람은 자기 안에 빈자리를 만들어야 한다. 빈자리는 겸손한 마음에서 나온다.

나를 있는 그대로 보여 주는 말

강 —— 우리는 어떤 말을 들었을 때 진정성을 느낄까. 우선 솔직한 말에서 진정성을 느낀다. 진정성은 많이 아는 것이나 유창한 말솜씨와는 무관하다. '진정성'이란 말은 그리스 철학에서 유래했는데, '너 자신 있는 그대로'라는 의미라고 한다. 성찰을 통해 내가 누구인지를 알게 되면 다른 사람과 거짓 없는, 진솔한 관계를 만들어 갈 수 있다. 따라서 나를 있는 그대로 보여 주고 나답게 말하면 된다. 거짓과 꾸밈이 없을 때 우리는 진정성이 있다고 한다.

말에 진정성을 담으려면 진실하고 솔직해야 하며, 말과 행동이 다르지 않아야 한다. 말이 자기 생각과 일치하고 말한 대로 실천하는 사람의 말은 사람들이 신뢰하고 따르게 된다. 화려한 말재주가 없고 말을 잘하지 못하는 상사라도 말과 행동이 일치한다면 존경받는다.

또한 남이 내게 해 주길 바라는 것과 내가 남에게 하는 게 같아야 한다. 이 사이의 불균형이 생기면 그 사람의 진정성을 의심할 수 밖에 없다. 자신은 그렇게 하지 않으면서 남들에게 이래라 저래라 하거나 자신의 잘못에 대해서는 남을 탓하고 타인의 잘못은 그 사람의 문제 때문이라고 한다. 그러면 반발과 반항심만 불러일으킨다.

나아가 이 사람, 저 사람에게 하는 말도 다르지 않아야 한다. 자신보다 높은 사람에게 하는 말과 낮은 사람에게 하는 말이 다른 사람은 신뢰하기 어렵다.

진정성은 또한 상대에 대한 애정이 있을 때 느껴진다. 회사에서 상사가 후배 직원을 나무랄 때, 이 친구가 잘못된 점을 고쳐서 좀 더 나아졌으면 하는 간절한 바람에서 그러는 것인지 아닌지는 말투와 눈빛을 보면 금세 알아챌 수 있다. 아래 직원을 성장시키고 싶은 상사의 애정을 느낄 수 있다면 뼈아픈 말이라 해도 귀담아듣게 된다.

김대중 탄생 100주년 기념작으로 김대중의 일대기를 기록한 다큐멘터리 영화 〈길위에 김대중〉을 보면 감동적인 장면이 있다. 1981년 사형수 김대중이 청주교도소로 취조하러 온 중앙정보부 수사관에게 "말로 물으면 말로 대답해 주고, 글자로 물으면 글자로 대답해 주는 시대가 온다"라면서 인터넷과 인공지능 시대를 예언한다.

언제 죽을지 모르는 상황에서, 자신은 살아 있을지도 모르는 앞으로의 세상에 대해 있는 힘을 다해 알려 주고 있었다. 자신은 누려보지 못할 인터넷 세상이지만, 그런 날이 오면 우리 국민은 인터넷을 활용해 더 편리한 삶을 살고, 대한민국은 성장과 발전을 이루기를 간절히 바라는 진정성이 느껴져 울컥했다.

말하고 읽고 쓰는 법은 배우지만 듣는 법은 따로 배우지 않는다. 잘 듣는 게 중요하다는 건 알지만 어떻게 해야 잘 듣는 건지 모호하다. 남의 이야기를 듣는 게 직업이었던 강원국과 김민식은 자기만의 방법으로 경청을 훈련해 왔다. 잘 들으면 얻을 수 있는 게 많아서다. 경청의 대가들은 잘 듣기 위해 어떤 언어 습관을 가졌는지 알아보자.

PART 4

듣고 말하는
태도를 만든
좋은 습관

1장

말을 갈고닦는
언어 습관

내가 한 나쁜 말은 나에게 돌아온다

험담은 세 사람을 죽인다

강 — 나쁜 말은 일곱 가지로 구분할 수 있다. 남을 탓하거나 험담하는 말, 편을 가르고 갈등과 분열을 조장하는 말, 때에 따라 시시각각 바뀌는 말, 부정적이고 비관적인 말, 겸허하지 못하고 교만한 말, 욕설과 폭언 등 감정을 절제하지 못한 말, 거짓과 위선의 말, 이렇게 일곱 가지 말을 조심해야 한다. 이 가운데 가장 나쁜 것은 어떤 말일까? 단연코 험담이다. 유대인 격언에 '험담

강원국 ✕ 김민식 말하기의 태도

은 세 사람을 죽인다'는 말이 있다. 험담을 한 사람, 험담의 대상이 된 사람, 험담을 듣고 옮긴 사람이다.

우리나라 사람들은 유독 험담을 좋아하는 것 같다. 여기에는 세 가지 이유가 있다.

첫째는 사람들이 워낙 영리해서 어떤 일의 배경과 의도, 속셈을 간파하는 능력이 뛰어나기 때문이다.

둘째는 그렇게 파악한 정보를 공개적으로 건전하게 풀 기회가 적다는 것이다. 공개적인 비판이 용납되지 않는 사회적 분위기가 형성되어 있기에 다들 뒤에서 이야기한다.

셋째는 사람들이 대부분 비판의 말을 배워 본 적이 없다는 것이다. 우리 사회의 유교 문화, 군사 문화의 잔재도 영향이 있다. 토론 문화가 정착된 곳에서는 공개적인 자리에서 합리적으로 비판하는 능력을 자연스럽게 기를 수 있다. 그에 반해 우리는 건전하게 비판하는 방법을 배우지 못한 채로 머리만 똑똑해져 하고 싶은 말은 차고 넘치고, 결과적으로 퇴근 후 술자리에서 나누는 뒷담화 형태의 험담만 만연하게 된 건 아닐까.

험담의 나쁜 점은 이루 다 말할 수 없지만 그중 최악은 사람 사이의 관계를 악화시킨다는 것이다. 나 또한 험담의 대상이 되어 구설에 오른 적이 있는데, 내가 없는 데서 나에 대해 나쁜 얘기가 나오면 그걸 들은 사람 가운데 꼭 나한테 전하는 사람이 있다. 내용이 좋든 나쁘든 누군가가 나를 평가하고 판단 내린다는 것 자체가 기분 나쁜 일이다. 내가 없는 데서 벌어진 일이라면 더욱 그렇다. 험담한 이에 대한 적개심과 증오는 다른 어떤 감정보다 격렬하다. 험담은 결국 관계를 망가뜨리고 불화의 씨앗을 심는다.

조직에 속해 생활하면서 말에 얽매여 산다는 생각을 많이 했다. 난도질하기를 즐기는 사람뿐 아니라 그런 말을 듣고 싶어 하는 수요가 넘쳐 험담을 주고받는 시장이 생겨났다. 여기서 가짜 뉴스는 돈이 된다. 비판이 아닌 비난과 비방이 난무하고 점점 강도가 세진다. 근거도 없이 극단으로 치닫는 말일수록 귀를 쫑긋 세우는 사람들이 늘어나고 추종자가 줄을 선다. 양극으로 편이 갈리고 신봉자가 생기면서 저마다 세력을 거느리게 된다.

거짓말이나 욕설은 그때그때 가해자가 피해를 본다. 거짓말이 들통나거나 욕설을 한 당사자가 추궁받고 비난의 대상이 되기도 한다. 반면에 험담은 다수의 환영을 받기 때문에 확장되는 경향이 있고 매우 부정적인 방향으로 심각한 피해를 입힌다.

부정적인 말은 내면을 어둡게 만든다

김 — 나는 애초에 험담이 그리 나쁘게 작용할 수 있다는 생각을 미처 하지 못했다. PD로 일하면서 가장 중요한 것 중 하나가 배우나 작가에 대한 평판 조회다. PD가 절대 겪어서는 안 되는 일이 같이 일하는 배우의 사고를 뉴스로 알게 되는 거다. 촬영 중인 배우가 음주운전이나 마약에 연루되어 수사를 받았다간 진짜 큰일이다. 사건에 관련이 없어도 PD는 작품의 총괄 책임자로서 제 몫을 다하지 못한 것에 면피할 수 없다.

그래서 PD들은 술자리나 뒷담화하는 자리에서 남들의 몇 배는 귀를 쫑긋 세운다. "어느 배우가 술에 취하면 스태프들에게 하는 장난이 도가 지나칠 때가 있다는데, 지난 드라마 쫑파티에서도 그랬다는군" 하는 식의 험담을 내포하는 뒷담화도 평판을 조회하는 수단의 하나이기에 필요악이라는 인식이 있었다. 그래서 내가 꼽은 최악은 욕설이다.

촬영장에서 드라마 PD는 큐 사인과 컷 사인을 낸다. 나의 컷 사인은 "좋은데요?"이다. 한 컷의 촬영이 끝나면 나는 "좋은데요?"라고 말하면서 주위를 둘러본다. 여기서 "좋은데요?"는 질문이다. 만약 PD가 큰소리로 "오케이!"라고 외치거나 "엔지!"를 외치면 다른 이들은 입을 다물게 된다. PD의 생각이 최종 결정이 되니까. 나는 물어본다. 나는 좋은데 여러분은 어떤가요?

솔직히 매번 촬영한 컷이 다 마음에 드는 것은 아니다. 때로는 카메라 촬영이, 때로는 조명이 아쉬울 때도 있다. 그럴 땐 일단 "좋은데요?"를 외친 후, 상대를 슬쩍 쳐다본다. 선수들은 나의 표정을 보고 알아챈다. 배우가 그런다. "감독님, 한 번 더 가시지요."그럼 눈치 빠른 조명 감독이 슬쩍 달려와 "감독님, 저 뒤쪽에 백라이트 하나만 더 설치하면 인물이 더 살 것 같은데, 시간 좀 주시겠습니까?"그럼 나는 환한 미소를 짓는다. "아우, 이 욕심쟁이들! 좋습니다! 방금 건 그럼 킵해 두고 한 번 더!" 모두가 마음이 편안해진다. 일단 오케이 컷은 하나 건졌으니, 다시 촬영해도 부담이 없다.

나는 촬영장에서 절대 욕을 하지 않는다. PD가 욕을 하거나 언성이 높아지면 다른 사람들은 입을 다물게 된다. '아, 오늘 우리 PD님이 뭔가 기분 안 좋은 일이 있나 보다. 그럼 나는 그냥 조용히 있어야겠다.' 편집할 때 보면 그런 날에는 내가 놓친 무언가가 꼭 걸린다. 왜 이걸 동시녹음 기사가 나한테 안 알려 줬지? 왜 촬영감독이 이걸 못 봤지? 실상은 온전히 내 탓이다. 리더가 욕을 하면 사람들은 입을 다문다. 경청할 기회 자체를 없애 버리는 게 욕이다.

우리의 뇌는 부정적인 신호에 더 빠르게 반응한다. 어디선가 욕설이나 비명이 들리면 우리의 몸은 긴장 상태에 들어간다. 혹시라도 닥칠지 모르는 위험에 대비하기 위해서다. 같은 공간에 있는 누군가가 부정적 감정을 표출하면 그 감정은 빠른 속도로 주위에 전파된다. 만약 부모가 집에서 늘 화를 내고 짜증을 내거나 걱정하면 아이의 감정 상태도 따라서 불안하고 공포 상태에 놓이게 된다. 그 결과 아이는 정서적으로 불안하고 무능력한 사람이 되기에 십상이다. 따라서 어른이라면 자신의 감정을 좋은 상태로 유지해야 한다. 아니 적어도 내가 기분이 나쁘다고 욕설을 남발하여 전혀 관계없는 주위 사람들을 불편하게 만들 필요는 없다.

결정적으로 욕설이 좋지 않은 말인 까닭은 남들을 향해 내뱉는 것처럼 들리는 욕이 실은 자기 자신을 향해 돌아오기 때문이다. 타인에 대한 정보처리와 자기 자신에 대한 정보처리는 거의 같은 신경망에 의해서 처리된다. 그렇기에 타인에 대한 모든 부정적 감정은 결국 나 자신에게 투영된다.

대화한 후 내가 한 말을 복기한다

강 —— 사람이 사람에게 건네는 말 가운데에는 듣기를 잘했다는 생각이 절로 드는 말과 들어서 손해 봤다 싶은 말이 있다. 듣기에 좋은 말은 굳이 따로 설명이 필요치 않지만, 되도록 듣지 말아야 할 말은 자기만의 기준을 갖는 게 필요하다.

말을 할 때는 특히 막말하지 않도록 주의해야 한다. 말을 많이 하다 보면 통제력을 잃고 나오는 대로 다음과 같은 막말을 함부로 쏟아 내기도 한다.

- 자신보다 힘없는 사람을 업신여겨 내뱉는 경멸과 멸시의 말
- 자신과 생각이 다른 상대를 향해 퍼붓는 저주와 야유의 말
- 사회적 약자와 소외계층에 대한 비하와 혐오 발언
- 역사 인식의 부재와 무지에서 비롯된 억지와 궤변

말을 하는 순간에는 상대방에게 상처를 주었는지 잘 알 수 없다. 나중에 상대방이 항의하거나 그 자리에 함께 있던 사람이 귀띔하면 그제야 깨닫는다. 아내가 동석하는 자리에서 아내는 내 말을 모니터링하고 필터 역할을 해 준다.

"요즘은 그런 말을 하면 큰일 나"라고 조언해 주는 사람이 곁에 한 명만 있어도 사고를 예방하거나 수습하는 데 큰 도움이 된다. 가끔은 잠들기 전에 퍼뜩 생각이 떠올라 이불 킥을 하는 일도 있을 것이다. 그렇게라도 알았을 때는 용기 내 바로 사과하고 수습할 수 있다.

그러나 그 외 대부분은 우리는 누구에게 상처를 주었는지 알지 못한 채로 넘어가곤 한다. 상처가 되는 말을 들은 사람의 원한은 쌓이지만 정작 상처 주는 말을 한 당사자는 영영 알지 못하니, 어떻게 치유할 방법이 없다.

나이를 먹을수록 말실수가 늘고 말의 업보가 쌓이는 것 같다. 언제부터인가 누군가를 만나 대화를 나누고 돌아오는 길이면 그 자리에서 내가 한 말을 복기하는 습관이 생겼다. 스스로 한 말을 되짚어 보면서 혹시 실수가 있지는 않았나 점검하는 것이다. 몇 십 초 정도밖에 걸리지 않을 뿐더러 요령 또한 간단하다. 누구랑 만났고 뭘 했는지, 무슨 얘기를 나누었는지를 머릿속으로 한 번 정리하는 것이다. 하고 나서 후회되는 말이나 내가 듣고 기분이 나빴는데 아무 반응도 안 하는 바람에 두고두고 후회가 남을 상황 등을 떠올리며 대화의 대차대조표를 작성해 본다.

들은 내용을 저장하는 습관

강 — 단순히 듣기에서 멈추지 말고 자신만의 방식으로 저장하는 습관을 길러야 한다. 나는 다른 사람의 말을 들으면서 메모하는 편이다. 메모할 때는 3단계를 밟는다. 1단계에서는 네이버 메모장에 그때그때 생각난 단어를 적어 넣는다. 1차 메모는 일종의 받아쓰기와 같다. 핵심이 되는 키워드만 간단히 적어 둔다.

> 하지 말아야 할 말 : 욕설, 거짓말, 억지 주장, 갑질 발언, 험담 등

그렇게 메모한 키워드를 가지고 2단계에서는 아내에게 그 내용을 설명하거나 이야기로 풀어본다. 스파링 파트너를 두고 하는, 아니 내 그림자와 하는 섀도복싱이라고 할 수 있다. 강의나 방송이란 실전에 대비한 나의 말 연습 시간이다. 이렇게 아내에게 말하다 보면 단어에 살이 붙어 문장이 되고 한 토막의 이야기로 정리가 된다.

3단계는 그 내용을 SNS에 올리는 과정이다. 메모로 치면 2차 메모에 해당한다. 얼마 전 세어 보니 페이스북, 네이버 블로그, 카카오스토리, 트위터, 티스토리 같은 매체에 2만 개가 넘는 2차 메모가 있었다. 이 메모야말로 내가 가장 아끼는 자산이다. 요즘에는 SNS 스레드threads를 주로 사용하는데, 예를 들면 이런 식이다.

리더에게 필요한 네 가지 마음

1. 자신을 존중하는 마음

2. 남을 배려하는 마음

3. 일을 성취하려는 마음

4. 진실한 마음

강원국 × 김민식 말하기의 태도

나는 '말'로 직장생활을 잘해 낼 수 있었다

1. 남의 말을 잘 들었다.

2. 남이 듣고 싶어 하는 말을 했다.

3. 그리고 침묵했다.

남의 감정을 듣고 치유해 주는 사람이 되려면

1. 자기감정을 토로해도 되는 사람이란 신뢰를 얻어야 한다.

2. 상대 감정을 끌어내는 역량이 있어야 한다.

3. 상대 감정을 이해하고 공감해 주어야 한다.

이렇게 세 단계를 거쳐 만들어진 메모를 가지고 강연도 하고 방송도 하며 글도 쓴다. 나는 이들 메모를 연결하고 녹여서 말하는 일이 즐겁다. 또 그런 기회를 준 청중에게 감사하다. 고마움에 보답하기 위해 더욱 열심히 메모한다.

스파크가 일어나는 순간을 놓치지 마라

김── 다른 사람이랑 대화할 때면 휴대폰을 가방이나 옷 주머니에 넣어 두고 보지 않으려 한다. 휴대폰 벨소리도 무음으로 해 둔다. 탁자 위에 휴대폰을 떡하니 올려 두면 마치 상대방에게 낭신 얘기보다 더 중요한 연락이 올 수도 있다는 사인을 보내는 것 같다. 그러다 양해를 구하고 휴대폰을 꺼낼 때가 있다. 상대방의 이야기 도중에 언급된 책 제목이나 영화, 유튜브 채널명, 저자 이름 같은 것을 메모하기 위함이다. 사람을 앞에 두고 스마트폰을 계속 두들기는 건 실례라 최대한 간단히 메모한다. 방금 당신이 내게 들려준 이야기는 무척 좋은 내용이고, 여기에 대해 좀 더 공부하고 싶어서 메모하겠다고 양해를 구한다.

집으로 가는 길에 메모한 내용과 관련된 정보를 검색해 본다. 메모에 《아버지의 해방일지》라고 적혀 있다면 온라인 서점에서 검색해 책 소개를 찾아보고 마음이 동하면 책을 구해 읽어 본다. 1차 메모에 상대방이 한 말이나 책의 내용을 그대로 받아 적는 경우는 거의 없다. 기억에 남은 이야기에 내 생각이 더해지거나 나한테 어떤 스파크를 일으켜서 새로운 생각이 떠오르면 1차 메모에 살을 붙여 나간다. 그 메모를 토대로 블로그에 올릴 글을 쓴다.

물론 모든 메모에서 스파크가 튀는 건 아니다. 상대의 이야기를 듣고 잠시 흥미가 반짝해도 검색하면서 재미로 이어져야 한다. 흥미는 상대의 말속에서 찾을 수 있지만 재미는 내 안에서 느낄 수 있어야 한다. 때로는 상대방이 한 말이 스파크가 되어 내 안에서 불꽃을 피우기도 한다. 자기 내면에서 일어난 불꽃을 포착하지 못하고 흘려보내면 들은 것이 내 것이 되지 않는다. 결국

강원국 × 김민식 말하기의 태도

메모의 목적은 글감을 놓치지 않는 것이다.

자전거 여행을 할 때, 아름다운 풍광을 보며 달리다 문득 글감이 떠오르기도 한다. 호젓한 북한강 자전거 길에서 자리 잡고 앉아 차분하게 메모할 곳을 찾기란 쉽지 않다. 그럴 때 나는 자전거를 잠시 길옆에 세워 두고 휴대폰에 음성 메모를 한다. 머리에 떠오르는 생각을 자유롭게 녹음해 두고 나중에 말을 글로 바꿔 주는 기능을 이용해 녹음 내용을 메모로 풀어 본다. 클로바노트와 같은 앱은 음성 인식 기능이 뛰어나 녹음한 말을 텍스트로 자동 변환해 주는데 성능이 대단하다. 내가 두서없이 마구 떠든 말을 듣는 건 부담스럽지만, 텍스트로 쓰여 있는 건 볼 만하다. 예전에는 사람에게 맡겨야 했던 일을 이제는 인공지능 비서가 대신해 주니, 참으로 편리한 세상이 아닌가. 군이 돈을 쓰지 않아도 훌륭한 도구는 얼마든지 많다. 결국 그 도구를 활용해 자기 이야기를 만들고자 하는 사람의 노력이 관건이다.

챗GPT 활용을 통한 키워드 발견

김 —— 퇴직하고 탁구장에 다녔다. 한동안은 초보인 내 공을 빈아 주는 사람이 없어 늘 외로웠다. 그때 나를 계속 붙잡아 준 건 로봇이었다. 요즘 탁구장에는 야구장 피칭 머신처럼 공을 주는 기계가 있다. 내가 아무리 버벅거리며 헛손질해도 로봇은 불평 하나 없이 꾸준히 공을 준다. 내가 부탁하는 대로 공을 주는 위 치, 속도, 회전량을 조절해서 준다. 쉬운 공도 주고 어려운 공도 준다. 내게는 탁구장의 로봇이 보살님이다.

90년대 혼자 영어를 공부하던 시절, 회화 상대를 구하기가 어려웠다. 그때는 원어민 회화 선생뿐 아니라 영어를 공부하 는 사람도 드물었다. 그래서 나는 회화 테이프가 늘어지도록 재생·반복을 누르며 회화 테이프의 성우랑 대화를 주고받았다. 요즘은 인공지능의 시대다. 챗GPT의 확장 프로그램인 'Talk to ChatGPT'를 깔면 인공지능이랑 영어로 대화도 가능하다. 나의 발음이 아무리 후져도 챗GPT는 인내심을 갖고 꾸준히 말을 받 아 준다. 인공지능을 상대로 끝장을 보겠다고 제아무리 용을 써 봐야 공부하는 사람의 인내심이 먼저 바닥날 수밖에 없다.

영어교육 전문가 조이스 박이 쓴 《챗GPT 영어 공부법》을 보 면, 프롬프트(명령어)를 이용해 대화를 생성하는 사례가 나온다.

— 너랑 대화하고 싶어. 모의 회화를 해 보자. 서울발 뉴욕행 비행 기 안에 나란히 앉아 있다고 가정해 봐. 나는 한국인 관광객, 너

는 뉴욕에 사는 뉴요커. 네가 먼저 말을 시작하고, 대답을 두세 문장보다 길게 하지 마.

이런 식으로 입력하면 필요한 문장을 곧바로 내놓는다. 업무상 영어가 필요한 사람들은 더는 원어민 과외 선생을 찾을 필요가 없다. 이렇게 챗GPT랑 회화 훈련을 하면 된다. 아무 때나, 내가 원하는 주제와 난이도에 맞춰서 문장을 만들고 연습시켜 준다.

이 방법을 토론이나 글쓰기에도 접목할 수 있다. 챗GPT에 어떤 주제를 질문하면 순식간에 관련 자료들을 취합해 일목요연하게 보여 준다. 이때 챗GPT가 제시한 내용은 어떤 로직에 따른 것인지도 알 수 없고 출처가 명확하거나 내용이 모두 사실에 기반한 것도 아니다. 그 내용을 고스란히 가져다 썼다가는 낭패 보기 십상이다. 여기서 핵심은 그 주제에 관해 내가 미처 생각하지 못했던 키워드를 발견하는 것이다. 흥미로운 키워드를 찾았다면 그것에 대한 내 생각과 논리를 풀어내 나의 말로 써야한다.

10분은 멍하니 있어 보자

김 —— 한번은 겨울에 2박 3일간 산 타기 좋아하는 방송사 후배랑 둘이서 제주도 한라산에 간 적이 있다. 저렴한 숙소 하나를 잡고 같이 지냈는데, 방에 들어오면 후배가 맨 먼저 하는 일이 TV를 켜는 거였다. 정작 켜 놓고는 보는 둥 마는 둥 하기에 왜 보지도 않는 TV를 켜냐고 묻자 후배는 화이트 노이즈가 있어야 편하다고 했다. 화이트 노이즈가 집중력을 높이고 스트레스를 줄여 준다고도 하지만 나는 집에서도 거의 TV를 켜 본 적이 없다. 여행지에서도 숙소에 돌아와 씻고 나면 누워서 책을 본다.

전직 방송사 PD로서 이런 얘길 해도 될지 모르겠지만, TV에서 나오는 말들이 무의미한 수다처럼 들릴 때가 많다. 뉴스가 나오든 다큐멘터리가 나오든 해당 프로그램을 집중해서 보지 않으면 머리에 내용이 잘 들어오지 않는다. TV에서 쉴 새 없이 쏟아내는 말과 정보에 항상 노출되다 보면 멍하니 생각할 시간이 없다. 생각도 습관이다. 온전히 생각하지 않으면 생각할 힘을 잃어버린다.

책을 만드는 여러 편집자를 만나 왔다. 편집자야말로 글을 다듬는 베테랑이지 않은가. 그런 편집자들 가운데 직접 책을 쓰는 사람은 드물다. 꼽아 보자면 남의 이야기를 경청하는 데 이들만큼 전문적인 사람이 없다. 그야말로 작가들의 이야기에 열심히 귀를 기울인다. 하지만 경청하느라 에너지를 다 써서 자기만의 생각을 정리하거나 글로 쓰기가 힘들다고 한다. 얻은 정보를 나의 것으로 만들기 위해 생각하는 데에도 시간을 들여야 한다.

TV를 볼 때와 달리 책을 읽을 땐 중간중간 책장을 덮고 내 생각을 정리해 보거나 메모할 수 있다. 진짜 써먹을 수 있는 인풋이란 좋은 정보에 대한 내 생각이 덧붙여져 저장되는 것이다. 1년에 200권씩 책을 읽어도 이런 과정을 거치지 않았다면 과연 얼마나 나의 인풋으로 저장되었을까?

책뿐만 아니라 유튜브를 많이 보는 사람들도 마찬가지다. 여유 시간이 한 시간 주어진다면 그 시간 내내 유튜브를 보거나 책을 읽지 말고 50분 동안은 재미있는 걸 보고 10분은 멍하니 있어 보자. 하다못해 동네 산책하다가도 아까 본 유튜브나 며칠 전에 읽은 책 구절이 떠오를 수 있다. 그렇게 내 생각에 집중하다 보면 글감이 떠오르고 10분 정도 메모하거나 음성 메모를 할 수도 있다. 나중에 그런 메모를 모아 살펴보면서 살을 붙이는 작업만 해도 나만의 사유가 된다. 내내 듣고 있지만 말고 반은 듣고 반은 나 자신과의 대화를 통해 내 것으로 만드는 과정이 필요하다.

소소한 일상을 기록해 보기

김 —— 누군가 책을 써 보라고 권할 때 많은 사람은 "내가 뭐라고 책을 쓰나, 세상에 좋은 책을 쓸 수 있는 사람이 얼마나 많은데!" 이런 생각을 한다. 그런 이유라면 나야말로 책을 쓸 엄두도 낼 수 없는 사람이다. 1년에 책을 200권씩 읽겠다는 목표를 꽤 오래 지켜 왔다. 그렇다고 아무 책이나 읽는 것은 아니다. 되도록 좋은 책을 골라서 읽으려고 한다. 그 좋은 책들을 읽고 감히 나 따위가 뭐라고 책을 쓰겠냐 싶어 기죽은 채로 지냈다면 나는 결코 작가가 되지 못했을 것이다.

그러나 나는 다른 사람을 긍정하듯 나를 긍정하며 내 이야기를 할 수도 있다고 생각했다. 카메라 뒤에서 다른 사람을 주인공으로 만들어 돋보이게 하는 일을 하면서 그동안 잘 들어 왔으니까 이제는 내 이야기를 해 봐야지 하고 말이다.

경청을 통해 어느 정도 내공이 쌓였다면 이제 글이나 말로 내 이야기를 할 수 있는 위치로 이동해야 한다. 강연을 들으면서 팬 상태로 사는 데는 한계가 있는 법이다. 수많은 덕질 중 작가 덕질을 해서 좋은 건 결국 언젠가는 글쓰기 힘이 자연스레 길러진다는 점이다. 성실하게 인풋을 쌓아 왔다면 아웃풋을 내려고 시도

해야 한다. 글쓰기를 시작하라는 것이다.

글을 쉽게 쓰는 방법은 소소하게 시작하는 거다. 얼마 전부터 '#내가오늘행복한이유'라고 해시태그를 달고 사진 한 장을 골라 올리면서 짧은 설명을 덧붙이는 포스팅을 올리고 있다. 방식은 이렇다. 온종일 뭔가 좋은 일이 있거나 재미있는 걸 발견할 때마다 사진을 찍는다. 친구와 함께 멋진 길을 걸었으면 길 사진을 찍고, 꽃이 예쁘면 꽃을 찍는다. 고심 끝에 찍는 게 아니라 그냥 포착해서 찍는 거다. 다음 날 아침에 어제 찍은 여러 사진 가운데 한 장을 고른다. 핵심이 이거다. 사진을 고르는 과정이 곧 나와의 대화다.

거창한 무언가를 쓰는 건 베테랑 작가도 마음먹기 어렵다. 대신 아주 소소한 일상을 포착하면서 내 목소리에 귀 기울이는 거다. 만약 찍은 사진이 한 장도 없으면 반성한다. 어제 나는 나를 기분 좋게 해 주는 일을 하나도 한 게 없었구나. 처음부터 뚜렷한 목표를 가지고 시작한 일이 아닌데도 불구하고 아침에 올린 사진 한 장의 기록이 이어지다 보니 나는 무엇을 할 때 행복한 사람인지 보인다. 내가 관심 있고 좋아하는 것들의 패턴이 드러나기 때문이다.

자기 안의 목소리는 소리가 없다. 그것을 들으려면 반복적인 행동을 통해 패턴을 읽어야 한다. 무엇보다 들어가는 품에 비해 보람이 훨씬 크기에 꼭 해 볼 만하다.

같은 말이라도 간단하거나 재미있게

김 ── 임홍택 작가의 《90년생이 온다》를 보면 90년생이 좋아하는 게 세 가지 있다고 한다.

간단하거나 재미있거나 공정하거나. 일단 이들은 간단한 걸 좋아한다. 그래서 스마트폰에서 소통할 때도 말을 아주 간단하게 줄인다. 줄이다 못해 초성만으로 소통하기도 한다. 덕분에 워라밸, 욜로Yolo 같은 흥미로운 신조어가 탄생하기도 한다.

어렸을 때 나의 장래 희망은 만화방 주인, 오락실 사장이었다. 그곳에 가야 재밌고 즐거웠다. 요즘에는 그럴 필요가 없다. 스마트폰 안에 재미난 웹툰과 게임이 가득하다. VR 체험, 현장학습 등 공부도 재미나게 한다. 보고 듣고 느낄 게 넘쳐나는 환경에서 늘 재미있는 것을 찾아온 만큼, 의미보다 재미가 중요하다.

마지막으로 공정이 중요한 이유, 이들은 어려서부터 치열한 경쟁 속에 자랐다. 우리말도 서툰 유치원생, 초등학생 시절부터 영어, 중국어 원어민 회화 수업을 듣고 악기와 운동을 배웠다. 초등과정 수업도 따라가기 어려운데 중고등학교 수학을 선행학습하느라 진을 뺐다. 배우는 게 많으니 평가받는 것도 많고 그만큼 기준과 조건에 예민하다. 조금이라도 부당한 평가를 받았

을 때, 공정함이라는 가치가 훼손되었다고 느낄 때 분노의 버튼
이 눌린다.

90년생은 특히 꼰대를 싫어하고 꼰대인 사람들을 지적한다.
그들이 생각하는 꼰대는 어떤 사람인가? '간단하거나 재미있거
나 공정하거나' 이 세 가지 기준을 뒤집으면 알 수 있다. 말을 길
게 하는데 재미는 하나도 없고, 심지어 공정하지도 않다? 그럼
꼰대가 된다.

학교에 진로 특강을 나갈 때마다 학생들 앞에서 꼰대가 되지
않으려고 애쓴다. 내가 하는 노력은 다음과 같다.

첫째, 어려운 말을 길게 하는 것보다 단문으로 쉬우면서 간단
하고 명료하게 전달하는 것이다. 둘째, 의미보다는 재미다. 강연
할 때 꽤 공들여 재미난 에피소드를 들려준다. 셋째, 최대한 객관
적 시선에서 공정하게 사물을 바라보는 훈련을 평소에 한다. 혹
시나 젊은 세대에게 상처가 되는 말을 하지는 않는지 삼가고 또
삼간다.

《90년생이 온다》라는 책도 있지만, 《70년대생이 운다》라는 책
도 있다. 책 앞머리에 보면 "단군 이래 최고의 스펙을 갖추고, 건
국 이래 최악의 취업 경쟁을 뚫고 입사한 90년대생 후배 사원들
에게 치어서 남몰래 눈물 흘리는 70년대생 중간관리자 여러분께
이 책을 바칩니다"라고 되어 있다. 진짜 공감한다.

나는 기업 중간관리자를 위한 소통법 강의를 즐겨 한다. 〈100

세 시대, 소통으로 더 즐겁게 사는 법)이라는 강의인데, 여기서 늘 강조하는 게 있다. 90년대생이 좋아하는 것, 간단하거나, 재미있거나, 공정하거나. 이 셋 중에서 가장 쉽게 실천에 옮길 수 있는 건 말을 간단하게 하는 것이라고 말이다. 회의 석상이든 회식 자리든 말을 길게 하지 말고 되도록 다른 사람 이야기에 귀를 기울이며 적절한 순간에 좋은 리액션을 해 주는 것으로도 소통의 달인이 될 수 있다. 공정함이라는 기준은 애매모호할 수 있고, 말을 재미있게 하기란 쉽지 않다. 재미있게 말할 자신이 없으면 간단하게라도 해야 한다. 재미없는 말을 길게 하는 건 세대를 막론하고 최악이다.

말을 줄이고 아끼고 덜 한다면

강 —— 한국 사회의 가부장적 문화나 조직의 서열문화는 수많은 꼰대를 양산했다. 안타깝게도 사회적 지위가 높거나 인지도가 올라갈수록 꼰대가 되는 비율이 높아진다. 내가 남보다 낫다는 우월의식이나 우쭐함이 없으면 꼰대 노릇 하기가 어렵다. 어깨에 힘이 좀 들어가야 목청도 커지고 버젓한 꼰대가 될 수 있는 법이다.

우리는 언제 꼰대라는 소리를 들을까?

첫 번째, 자신의 과거 얘기를 할 때다. "내가 왕년에 말이야. 뭣도 하고 뭣도 했어." 이렇게 말하면 '라떼표' 꼰대가 된다.

두 번째, 길게 말할 때다. 그야말로 일장 연설을 하면 "아주 연~설~을 하고 있네" 하며 싫어한다.

세 번째, 가르치려 들 때다. 짧게 말해도 가르치려는 것처럼 들릴 때가 있다. 사실 유튜브와 인터넷 세례를 받은 젊은 세대는 우리 세대보다 아는 게 많다. 또한 우리의 경험이 그다지 도움도 안 된다.

네 번째, 한 말을 하고 또 할 때다. 나이를 먹을수록 노파심 때문에 했던 말을 자꾸 반복하려 드는 경향이 있다.

다섯 번째, 사람에 따라 다를 수도 있는데 지는 것을 못 견뎌 할 때다. 특히 나이 어린 사람에게 지는 걸 용납할 수 없는 사람, 그게 바로 꼰대의 증표다.

이 모든 걸 다 갖춘 사람은 총체적으로 문제가 있는 사람이며 이 중 한두 가지만 해당해도 "나는 꼰대인가?" 자문해 봐야 한다.

천만다행으로 나는 나에 대한 주변의 평가보다 나 자신의 평가가 너그럽지 않고 더 박한 사람이기에 꼰대 소리를 덜 듣고 살아온 듯싶다.

꼰대 소리를 듣지 않는, 가장 확실한 방법은 자기 성장을 멈추지 않는 것이다. 공부해야 하는 것이다. 쉰 살 넘어서면서 나는 공부가 재밌다. 재밌는 이유를 곰곰이 생각해 보니 네 가지다.

첫째, 남들이 시키는 공부가 아니라 내가 하고 싶은 공부를 한다. 둘째, 남이 숨겨 둔 정답을 찾아야 하는 공부가 아니라 내가 정답을 만드는 공부를 한다. 셋째, 나만 알기 위한 공부가 아니라 남에게 알려 주기 위해 공부한다. 끝으로, 남에게 잘 보이기 위해 공부하는 게 아니라 홀로 서기 위해 공부한다. 어렸을 적 혼자 일어서 걷기 위해 걸음마를 배웠듯이, 어른의 공부는 '어디 다니는 누구'가 아니고 자기 이름으로 홀로 서기 위한 공부다. 이렇게 공부하면 적어도 꼰대 소리는 듣지 않을 수 있다.

만약 누구한테 꼰대라는 소리를 들으면 무조건 입을 닫고 듣거나 읽어야 한다. 우리가 어떤 사람을 보고 꼰대라고 할 때 백발백중 그 사람은 말을 많이 한다. 나도 이제는 강연이나 인터뷰 등 말을 하는 일로 먹고살고 있으니 늘 조심하며 경계심을 늦출 수가 없다. 말을 줄이고 아끼고 덜 하기만 해도 꼰대가 안 된다. 나이가 많다고 어른이 아니다. 말을 삼키거나 머금을 줄 알아야 어른다워진다. 그런 점에서 침묵과 경청이야말로 가장 어른스러운 대화 행위다.

강원국 × 김민식 말하기의 태도

듣기와 말하기의 황금 비율

김── 남의 글과 남의 말을 읽고 듣는 일로 커리어를 시작했지만 어쩌다 보니 지금은 직접 쓰고 말하기로 먹고사는 몸이 되었다. 강연이나 인터뷰 등을 통해 계속해서 내 이야기를 하게 된 것이다. 그런데도 누가 "듣기와 말하기 가운데 어느 쪽이 더 편하세요?"라고 묻는다면 망설임 없이 듣기를 택하겠다.

말을 하려면 먼저 들어야 한다. 들은 게 없으면 할 말도 없고, 남의 이야기를 잘 들어 주지 않은 사람에게는 말할 자격과 기회도 드물게 주어지기 마련이다. 연출자의 역할이 작가, 배우, 스태프의 이야기를 들어야 작품을 만들 수 있어서 듣는 데 많은 시간을 쏟아온 셈인데, 긴 시간 남의 이야기를 들어 온 것이 지금 나의 이야기를 하는 데 큰 도움이 되었다. 듣기를 오래 한 사람은 결국 어느 시점이 되면 말하는 사람의 위치에 서게 된다.

그런 점에서 들을 것인가 말할 것인가는 선택의 문제가 아니다. 먼저 듣고 나중에 말하는 쪽의 순으로 가는 것이 자연스러울 뿐더러 바람직하다. 듣는 과정을 생략하고 말을 하게 된 사람은 일반적으로 좋지 않은 평가를 받는 경우가 많다. 자기 말만 앞세운다거나 걸핏하면 다른 사람의 말에 끼어든다거나 말로 이겨야

만 직성이 풀리는 모양이라는 얘기를 주위에서 듣게 된다. 반면에 어떤 사람들은 평생을 듣기만 하다 자기 말없이 생을 마감하기도 한다. 가장 좋은 형태는 오랜 시간 충분히 들은 후에 말하기로 나아가는 것이다.

자기 말을 하는 사람이 되고 나서도 반드시 지켜야 할 점이 있다. 듣기와 말하기의 비율이 8 대 2가 되어야 한다는 것이다. 이를테면 하루에 두 시간 강연을 한다면 여덟 시간은 공부해야 한다. 언제나 인풋이 아웃풋을 능가해야 한다.

듣기의 8단계 중 이해, 요약, 유추, 분석, 평가, 비판, 공감이 적극적인 듣기 단계에 해당하며 곧 인풋이다. 오직 여덟 번째 창의력만이 내 이야기를 표현하고 내 생각을 말하는 아웃풋인 셈이다.

인풋과 아웃풋의 균형

김 —— 인풋과 아웃풋의 균형을 맞추기 위해서는 마음의 평정심을 잘 유지해야 한다. 오욕칠정이 넘치지 않는 상태라야 남의 말에 귀를 기울일 수 있다. 내 말을 하고 싶은 욕심이 지나치면 세상이 내게 보내는 경고 신호를 무시하고 계속 달리게 된다. 빨간 신호등을 무시하고 달리다 만나는 건 추돌사고다.

2012년 170일 파업을 주도한 후, 나는 한직으로 쫓겨났다. 송출실에서 동료 PD들이 만든 드라마를 보는 건 괴로웠다. 재미난 드라마를 볼 때마다 시기심과 질투가 수시로 마음을 괴롭혔고, 망가진 뉴스를 볼 때마다 세상에 대한 원망과 분노가 치솟았다. 이렇게 살다 사람이 망가질 것 같았다. 그래서 책을 읽었다. 주야 교대근무로 일하며 2016년 한 해 동안 250권의 책을 읽고 블로그에 독서일기를 연재하기도 했다.

2018년 드라마 PD로 복귀한 후, 나는 이제 마음껏 세상에 내가 하고 싶은 이야기를 할 수 있겠다고 생각했다. 긴 시간, 회사에서 핍박받은 설움이 지나친 탓일까? 세상에 나를 보여 주겠다는 욕심이 지나쳤다. 그 결과 2020년 가을에 한겨레 칼럼 사태를 겪게 된다. 글을 잘못 쓴 후폭풍은 너무나 거셌다.

'아, 내가 망한 것은 인풋보다 아웃풋이 더 많았기 때문이구나.'

집이든 회사든 나라든 지출이 수입보다 많으면 망하는 법이다. 기업에서는 자산을 부채와 자산으로 비교해 재무 상태를 분석한다. 자금을 어떻게 조달해서 어떻게 운영했는지를 비교하는 것이다. 말도 마찬가지다. 읽고 들음으로써 받아들이는 정보의 양, 즉 인풋에 비해 내뱉는 말, 아웃풋이 더 많은 사람은 결국 누적된 적자로 인해 파산할 수밖에 없다. 여기서 중요한 것은 기업의 재무는 부채와 자산이 늘 같아야 균형이 맞지만, 말에서는 압도적으로 인풋이 많아야 부실을 면할 수 있다. 내 기준에서 인풋과 아웃풋의 균형이 맞는 대차대조표는 8 대 2의 비율이다.

힘든 순간이 오면, 일단 아웃풋을 멈추고 인풋에 힘써야 한다.

재기의 기회는 거기에 있다. 위기에 몰려서도 어떻게든 살아남기 위해 끊임없이 메시지를 내놓다 보면 변명만 장황해질 뿐 종국에는 변명을 받아 주지 않는 대중에게 원망을 품게 된다. 그야말로 나락이다. 칼럼 사태 이후 한동안 칩거하다 MBC에 사표를 내고 다시 동안거에 들어갔다. 혼자 조용히 고민을 거듭했다. 침묵하고 인풋을 채우는 시간이 꽤 흐르고 나서야 비로소 성찰의 시간이 찾아왔다.

2장

말 잘하는 사람의 듣는 습관

빈도와 농도를 기준으로 거리를 두다

강 — 얼마 전 전 직장에서 함께 일했던 동료의 연락을 받았다. 예전에 그는 회사에서 인정받고 아주 잘나가는 사람이었다. 그러나 그 친구는 그것에 만족하지 못했다. 기자가 되고 싶었는데 기업 홍보실에서 기자들 비위나 맞추고 있자니 용납이 안 되었던 거다. 늘 불평, 불만이 가득했던 그는 결국 이를 견디지 못하고 뛰쳐나갔다. 그 후로 많은 시도를 했지만 안타깝게도 홍보실에 있던 시절이 전성기가 되었고 꽤 오래전부터 어려운 생활을 하고 있다. 오랜만에 연락해 온 그 친구의 말은 푸념과 한탄뿐이었다. 한참 그의 말을 듣고 있자니 나를 돌아보게 되었다. 나도 누군가에게 이렇게 불평이나 넋두리를 늘어놓지는 않았던가.

불평이나 푸념, 넋두리는 나쁜 말이라기보다 의미 없는 말에 가깝다. 누구에게 불평과 푸념을 늘어놓는다고 해서 처한 상황이 달라지는 것은 아니기 때문이다. 말을 듣는 상대도 밑도 끝도 없는 푸념을 듣고 있자면 절로 진이 빠진다.

살다 보면 불평이나 넋두리를 늘어놓게 되는 경우가 꼭 있다. 그럴 때 구구절절 하소연해 봐야 바뀌는 것은 아무것도 없다. 간결하게 상태를 설명한 후, 현재 상황을 긍정적으로 바꾸려면 뭘 해야 좋을지 조언을 구하는 게 낫다. 나에게 관심이 있는 사람이라면 오히려 상대방이 자세히 물어보기도 한다. 그런 사람이라면 더불어 대책을 생각할 수 있고, 그것이 상대에게도 도움이 된다.

경청의 중요성은 아무리 강조해도 모자람이 없지만 상한선은 있어야 한다. 이건 도가 지나치다 싶을 때, 상대방이 나를 자기감정의 쓰레기통으로 여긴다 싶으면 그때는 나를 더 중요하게 여겨야 한다. 나에게 긍정적인 방향이 무엇인지를 생각하고 결정하는 것이다. 내게 부정적인 영향을 주는 사람은 멀리해야 한다.

방법은 적정한 거리두기다. 나는 빈도와 농도를 기준으로 네 가지 유형의 사람들과 적정한 거리를 두며 살아간다. 여기서 농도가 거리에 해당한다. 농도가 진하면 거리가 가까운 것이다.

첫 번째, 빈도는 잦지만 농도는 옅은 관계다. 직장생활할 때 함께 일하는 동료다. 이런 관계에서 나는 나만의 경계선을 갖고 있다. 그 선을 넘어오면 그 사람과의 관계를 멀리한다.

두 번째, 빈도는 높지 않지만, 농도가 짙은 관계다. 학교와 사회에서 만난 친구들이 그렇다. 당연히 가깝게 지낸다. 하지만 개중 몇몇은 확실히 선을 긋고 산다.

세 번째, 빈도도 낮고 농도도 옅은 관계는 거래로 만난 사람들이다. 이런 관계는 사안에 따라 거리를 조정하면 된다.

끝으로, 빈도도 잦으면서 농도까지 진한 관계인데 바로 가족이다. 이렇게 빈도가 높고 농도까지 진한 관계에서는 너무 밀착하는 게 바람직하지 않다. 애착이 집착으로 변질될 위험이 있기 때문이다.

누구에게도 상처받을 필요는 없다

김 —— 모든 라켓 스포츠가 그렇고 구기 종목이 그러하듯 운동하는 곳에는 텃세가 있다. 처음 간 사람이 버티기 쉽지 않다. 언젠가 탁구를 하는데 옆에서 보던 고수가 그랬다.

"아니 왜 탁구를 그렇게 해요?"

민망해서 씩 웃었다.

"그러게요. 오늘은 공이 잘 안 맞네요."

"아, 그럼 평소에는 더 잘 하세요?"

난감하다.

"아뇨, 꼭 그런 것도 아닌데요."

"선생님 탁구 하는 거 보면 속상해서 그래요"라는 말에 차마 대꾸하지 못했다. '저기요, 이 상황에서 진짜 속상한 건 저거든요?'

평일 오전에 탁구장에 가면 50~60대가 많은데 평균 구력이 30~40년쯤 된다. 그 연배까지 탁구를 하는 이들은 대개 젊어서 탁구 좀 한다는 소리 들어 본 이들이다. 탁구 실력으로 인정받은 경험이 있는 사람은 직장생활하면서도 탁구를 하고 은퇴한 후에도 계속해서 탁구를 한다. 탁구장에서는 나처럼 오십 넘어서 처음 탁구를 배워 보겠다고 나선 사람이 드물다.

나이 들어 새로운 것을 배울 때 가장 힘든 건 초보 탈출까지 훈수를 감내하는 거다. 말로만 훈수를 두는 게 아니라 눈으로도 훈수를 둔다. 그러나 초보들은 누가 지적해 줘도 바로바로 고칠 재간이 없다. 오랜 시간 탁구를 해서 차근차근 실력을 쌓는 것밖에 도리가 없다. 탁구 초보자에게 필요한 것은 잘못을 지적하는 사람이 아니라 파트너가 되어 주는 사람이다. 개구리 올챙이 적

강원국 × 김민식 말하기의 태도

생각 못 한다고 고수들은 자기가 수십 년 전 초보 시절에 어땠는지 기억을 못 한다. 그러니 초보를 보면 마냥 한심한 거다.

어른이 되어 겪어도 속상한 일이 부모 자식 사이에 더욱 빈번하게 일어난다. 아이가 성적표를 받아 오면 묻는다.

"왜 성적이 이렇게 나빠?"

아이가 민망해서 웃는다.

"이번엔 시험을 좀 못 봤어."

"아, 그래? 그럼 다음에 보면 더 잘 볼 것 같아? 너 지난번에도 같은 얘기했잖아."

어두워진 아이 얼굴을 보고도 한 소리 더 보탠다.

"내가 속상해서 그래. 네 성적을 보면."

성적이 안 나와 가장 속상한 건 아이 자신이다.

가까운 사람들끼리 더 예쁘게 말하고 잘 들을 것 같지만 꼭 그렇지만도 않다. 부부나 부모와 자식 간에 더 심한 말들이 오가기도 하는 게 현실이다. 경험이 많은 사람이 적은 사람에게 너는 왜 이 당연한 걸 이해 못 하느냐며 답답해 하는 것은 일종의 폭력이다. 부모와 자식 간에 오히려 더 상처 주고 상처 받는 일이 많은 것도 그런 이치가 아닐까. 자기가 어렸을 때 명문대에 간 친구들이 어른이 되어서도 잘 먹고 잘사는 모습을 지켜봐 왔으니 어린 자녀에게 너희도 '인 서울' 대학교에 가면 잘살 수 있을 거라고 확신하며 말한다.

하지만 부모 자신도 몇십 년을 살면서 자기 삶에 중요한 결정을 내리고 망하든 성공하든 모종의 결과를 얻는 과정을 반복함으로써 그와 같은 확신을 얻은 게 아닌가. 이미 경험해 본 사람과 생각조차 안 해 본 사람은 서로 느끼는 바가 다를 수밖에 없다. 차이를 고려하지 않고 일방적으로 강요하는 훈계는 막말이나 다름없다. 막말은 상처를 입힌다. 그러므로 나는 아이들이 때로는 부모의 말을 무시해도 괜찮다고 생각한다. 어떤 사람도 상처를 감내하면서까지 경청할 필요는 없다.

만만해 보일 땐 경청을 멈춰라

김 ── 얼마 전 병설 유치원 원장님들을 대상으로 강연을 하러 갔다가 깜짝 놀란 적이 있다. 보통 초등학교 병설 유치원 원장은 해당 초등학교 교장이 맡곤 하는데, 그때까지 내 머릿속에 있던 교장 선생님의 이미지는 50대 아저씨에 최악의 청중이었다. 그런데 그날의 청중들은 화기애애한 분위기에 웃음이 넘치고 손뼉 치며 대단한 열정을 뿜어냈다. 마침 내가 대단한 명강연을 펼쳤냐 하면 그건 아니고, 다만 절반 이상의 청중이 여성이었을 따름

강원국 ✕ 김민식 말하기의 태도

이다.

강연이 끝난 후의 질의응답 시간에 한 교장 선생님이 말씀하셨다. 잘 보여야 하는 장학사가 있는데 그분이 자기를 붙잡고 하소연을 늘어놓기 일쑤라는 것이었다. 이 괴로움에서 벗어나는 방법이 없겠느냐고 물었다.

나는 그 장학사의 행동을 바꾸기는 어렵겠지만 하소연을 듣는 교장 선생님의 마음을 바꿀 수는 있다고 말했다. 첫째, 이 사람의 이야기가 내 인생에 있어서 정말로 중요한 이야기라고 긍정하면서 듣는다. 둘째, 아무짝에도 쓸모없는 얘기라 도저히 긍정할 수 없을 때는 "오죽하면 저럴까?" 하고 생각하며 듣는다.

정지아의 《아버지의 해방일지》를 보면 젊어서는 빨치산으로 살았던 혁명가 아버지가 나온다. 나이 든 아버지는 동네 홍반장이 되어 어디선가 힘든 일이 생기면 달려가 팔을 걷어붙이고 돕는다. 모내기 철이면 동네 사람끼리 품앗이하는데 아버지는 남의 집 일 다 챙겨 주고 맨 마지막으로 자기네 다락논에 모를 심기로 한다. 그날 새벽 같은 동네 사는 친구가 갑자기 초상을 치르게 되었다는 연락을 받고 득달같이 달려가는 아버지를 어머니가 붙잡는다.

── "아이고, 이리 가불면 우리 모내기는 워쩐다요?"

"당신은 사램이 죽었다는디 시방 고런 소리가 나온가!"

"아이고, 주인이 지키고 서 있어도 넘의 일은 대충대충 허는 것이 사램 심보요. 나는 집에서 새참 준비해야 허는디 누가 일꾼들을 본단 말이요?"

"오죽흐먼 나헌티 전화를 했겄어, 이 밤중에!"

힘들 때는 가장 믿을 수 있는 사람을 찾아가 하소연한다. 어쩌면 그 장학사에게 교장 선생님이 이 책의 아버지 같은 분이었을지도 모른다. 주위에 있는 사람 가운데 제일 좋은 사람. 일단 상대를 긍정하고 나를 긍정하는 게 우선이다. 그런데 이게 강연장에서 질문을 할 정도로 힘든 사안이 되었다면? 경청을 멈추라는 경고등이 울리는 거다. 가장 믿을 수 있는 사람이 가장 만만한 사람이 되어서는 안 된다. 무엇이든 적당해야 하는 법이다.

자기 소리를 경청할 때도 섬세함이 필요하다

김 —— 《외로움 수업》을 출간한 후 독자 리뷰를 살펴보는데 나더러 회복탄력성이 남다르다고 한 글이 눈에 띄었다. 뭔가 어려움이 닥치면 그 상황을 극복하기 위해 새로운 시도를 하는 사람이라고 했다. 실패를 딛고 일어나는 힘을 '회복탄력성'이라고 한다. 김주환 교수가 쓴 《회복탄력성》을 보면 회복탄력성에 가장 중요한 것은 긍정성이라고 한다. '나는 다시 잘 될 수 있어, 나는 잘될 거야' 하는 긍정적인 마음이 있어야 제대로 회복할 수 있다.

김주환 교수는 건강한 인간관계를 맺고 유지할 수 있는 능력의 기본이 바로 소통 능력이라 말한다. 건강한 인간관계는 사랑과 존중이라는 두 축에 의해서 유지된다. 소통 능력의 향상은 긍정적 정서의 함양을 통해 이루어질 수 있고, 진정한 행복감은 나 자신과 다른 사람들의 긍정적 정보를 처리할 때 얻어진다.

MBC 파업 동안 회사에서 일을 주지 않았을 때 《영어책 한 권 외워봤니?》를 쓰면서 글쓰기에 도전했다. 칼럼 사태로 모든 걸 내려놓았다가 책을 쓰며 다시 일어났으니 나에게 있어 글쓰기는 긍정성을 잃지 않는 최후의 보루인 셈이다.

글쓰기를 통해 자신을 긍정하는 힘을 키우는 것은 결국 나 자신과의 대화, 나의 내면의 목소리를 듣는 과정이다. 자기 내면의 소리를 듣는 일은 절대 쉽지 않다. 자신의 목소리에 귀 기울이다 보면 "너 그거 잘못했잖아. 왜 그랬어?"와 같은 반성의 소리가 더 크게 들린다. 이 반성의 목소리를 부정적으로 들으면 자책을 하게 되고 때로는 자학으로 이어지기도 한다. 하지만 덕분에 하나 더 배우면서 조금 더 나은 사람이 되었다고 긍정하면 반성직 성찰을 하게 되고 성장으로 나아갈 수 있다.

다른 사람과 좋은 관계를 맺는 데 있어 꼭 필요한 것은 용서다. 남을 용서하는 데에는 관대한 사람도 정작 자기 자신을 용서하는 데에는 박한 경우가 있다. 아니, 자기를 용서하는 게 얼마나 중요한지 모르고 산다. 타인을 용서하지 못하는 사람은 대부분 자기 자신도 용서하지 못한다. 타인에 대한 모든 부정적 감정은 결국 나 자신에게 영향을 미친다.

똑같은 반성도 자신을 부정하느냐 긍정하느냐에 따라 자학 또는 성장으로 확 갈린다. 나 자신을 들여다보고 내 목소리를 들을 때면 혹시 내가 자신에게 너무 가혹하지 않은가 돌이켜 본다. 자기 소리를 경청할 때도 다른 사람의 이야기를 경청할 때와 마찬가지로 섬세함이 필요하다.

배려는 경청에서 시작된다

김 —— 규슈 여행을 하느라 한동안 탁구장에 못 갔다. 모처럼 탁구할 생각에 들떠 갔는데 몇몇 어르신들이 불러다 앉히고는 여행 얘기 좀 풀어 보라고 하셨다. 딱히 무슨 이야기를 해야 하나

쭈뼛쭈뼛 앉았는데, 정작 나를 불러 놓고는 자기들끼리 계속 이야기를 했다. 어떤 주제가 나오든 무조건 자신의 경험담으로 끌고 가는 사람이 있다. 애초에 들을 생각이 아니라 자기 얘기를 하고 싶었던 게 아닐까?

학교나 직장에서 누구나 이런 경험을 해 봤을 것이다. 하물며 친구들을 만나는 자리에서도 일방적으로 듣고만 있을 때가 부지기수다. 언제부터인가 나는 어떤 자리에서 대화할 때 상호 간에 경청에 들인 시간의 배분을 놓고 손해와 이익을 비교해 보게 되었다. 대등한 두 사람이 만나서 두 시간 정도 대화를 나눈다고 할 때 6 대 4나 7 대 3까지는 괜찮다는 게 내 생각이다. 그런데 개중에는 이쪽이 경청 상태라고 해서 9 대 1이나 10 대 0까지 가는 사람도 있다. 대개 그런 사람의 이야기란 들을 만한 인풋이 못 된다. 만날 때마다 번번이 그러면 다음에는 약속 횟수를 점차 줄여간다. 상대가 내 얘기를 들으려 하지 않는다면 나 또한 굳이 시간을 쓸 필요는 없다.

예의도 없고 다른 이를 배려하지도 않는 사람의 말을 경청할 의무는 없다. 경청이란 상대에 대한 존중과 믿음을 토대로 하는 것인데, 그런 사람의 이야기를 나는 과연 어디까지 경청해야 하는지 미리 선을 그어 두는 편이 좋다.

마음을 써야 잘 들을 수 있다

김 — 나이 오십이 넘어가니까 건강검진을 할 때마다 안 좋은 곳이 생긴다. 3년 연속 초음파 검사에서 지방간이라고 나왔다. 건강 생각해서 술, 담배, 커피를 안 하는 내가 왜? 알고 보니 알코올성 지방간만 있는 게 아니었다. 술, 담배, 커피 대신 달콤한 주스나 빵이나 과자 같은 디저트를 좋아하니 비알코올성 지방간이 생긴다. 그냥 두면 간염이나 간암으로 발전할 수 있다기에 간헐적 단식을 통해 체중 감량을 하고 나서 지방간이 사라졌다.

다시 건강검진을 받았더니 이번엔 혈당이 높다고 나왔다. 그냥 두면 당뇨병으로 발전할 수도 있단다. 결과지를 본 의사가 물었다.

"평소 어떤 운동을 주로 하시나요?"

"자전거 타기랑 걷는 걸 좋아하는데요."

"나이 오십이 넘어가면 근감소증이 옵니다. 우리 몸에 들어온 당분은 근육이 쓰는데요. 근육량이 부족하면 혈당이 남아돌게 되고 수치가 올라갑니다. 더 늦기 전에 근육을 단련하세요."

근력 운동을 시작하고 힘을 쓴다는 게 얼마나 어려운 일인지

강원국 × 김민식 말하기의 태도

깨달았다. 주말에 시간이 빌 때, 침대에 드러누워 영상을 보면 편안하다. 나가서 뛰거나 운동을 하는 건 힘들고 괴롭다. 우리는 살면서 쾌와 불쾌 중에서는 쾌를, 안락함과 불편함 중에서는 안락함을 선택하고자 한다. 그러나 쾌락은 지속할 수 있는 즐거움이 아니다. 달콤함은 당장 기분을 좋게 해 주지만 지방간을 만든다. 반대로 불편을 애써 선택하면 지속할 수 있는 즐거움이 찾아온다. 책 읽고 글을 쓰고 운동하고 외국어를 공부하는 일은 힘들다. 그러나 불편을 감수하며 힘을 써야 성장하는 즐거움, 오래도록 건강을 유지하는 즐거움, 새로운 외국어를 정복하는 즐거움을 맛볼 수 있다. 인생의 행복은 지연된 보상에서 온다. 당장 눈앞에 있는 편안함을 선택하는 것보다 조금 힘들더라도 더 나은 결과를 위해 힘든 시간을 견디는 것이 행복으로 가는 길이다.

경청도 마찬가지다. 다른 사람의 말에 귀를 기울이는 건 마음을 쓰는 일이다. 마치 근력 운동에서 힘을 쓰듯 애를 써야 잘 들을 수 있다. 멍하니 앉아 편안하게 듣는 건 제대로 된 경청이 아니다. 당장 기분이 좋아지려면 하고 싶은 말을 참지 않고 하면 된다. 하지만 하고 싶은 말이 있어도 일단 참고 상대방에게 귀를 기울이면 더 좋은 결과가 따라온다.

또한 경청은 근력 운동과 비슷하다. 경청할수록 익숙해지고 쉬워진다. 처음 근력 운동을 할 때는 5킬로그램을 드는 것도 힘겨운데, 지속해서 들다 보면 어느새 10킬로그램 정도는 가볍게 들 수 있다. 경청도 습관이 되면, 어느 순간 타인의 말에 귀 기울이는 게 쉽고도 편해지고 대화의 효능감까지 맛볼 수 있다.

타인의 감정 다치지 않게 듣는 태도

김 —— 여행을 많이 다니며 다양한 사람을 만난다. 때로는 처음 만난 사람에게 속 깊은 이야기를 털어놓을 때도 있다. 남미에서 파타고니아 트레킹을 할 때 미국으로 이민 갔다는 한국인 부부를 만났을 때 딱 그랬다. 두 번 다시 만날 리 없는 관계라는 익명성 때문인지 서로가 별의별 이야기를 다 하며 웃었다.

그런데 만약 공적인 관계에 있는 사람이 충동적으로 지극히 개인적인 이야기를 해 버렸다면 어떻게 해야 할까? 내일이면 후회할 거 같은 이야기, 오히려 우리 관계가 어색해질 수 있다고 느껴지는 이야기를 들었을 때 어떻게 대응하면 좋을까? 우리가 과연 이렇게 내밀한 비밀을 공유할 만한 사이인지, 난감해지는 상황에서 나는 이 세 가지를 생각한다.

첫 번째, 그 사람이 하는 이야기를 긍정한다. 내가 좋아하는 미야베 미유키의 소설 중에 주머니 가게 '미시마야'를 배경으로 한

강원국 × 김민식 말하기의 태도

괴담 이야기, 《미시마야 시리즈》가 있다. 이 가게에는 손님들이 이야기한 괴담을 '듣고 버리고, 말하고 버리는' 원칙이 있다. 누구의 이야기를 들어도 어떤 평가도 하지 않고 들은 얘기를 옮기지도 않는다. 누구나 한 번은 마음에 담고 살기에는 너무 힘든 일을 겪을 때가 있다. 누군가 내 이야기에 마음을 열고 귀를 기울여주면 그저 털어놓는 것만으로 응어리가 풀리고 위로받을 때가 있잖은가. 나는 세상에 말할 수 없는 이야기는 없다고 긍정하고 듣는다.

두 번째, 그 얘기를 듣고 있는 나 자신을 긍정한다. 나 자신을 긍정하는 것은 두 가지 측면에서다. 하나는 상대방이 나를 믿고 좋아하니까, 내 사람이라고 생각하니까 말할 수 있다고 믿는 거다. 인간의 뇌는 누군가에게 도움을 청하거나 하기 어려운 말을 하려고 할 때 고통을 느낀다고 한다. 거절당할지도 모른다는 불편한 감정이 육체적 고통으로 나타난다. 어떤 사람이 힘든 이야기를 나에게 털어놓은 건 불편한 감정을 넘어서 나를 신뢰하는 거라 긍정한다. 다른 하나는 어떤 이야기를 들어도 감당할 수 있다는 나에 대한 믿음이다. 1,000번이 넘는 강연을 하면서 수많은 사람을 만났고 질의응답을 하면서 온갖 사연을 들었다. 그때마다 내 인생과 내가 읽은 책에서 얻은 경험이 해법을 찾는 실마리가 되었다. 나는 웬만해서는 당황하지 않는다.

세 번째는 우리의 관계를 긍정한다. 이야기를 듣기 전에 서로가 생각하는 친밀도가 다를 수 있지만, 중요한 건 이야기를 한 뒤에는 내밀한 이야기를 할 수 있는 사이가 되는 거라고 긍정한다. 정혜신 작가가 쓴 《당신이 옳다》에는 타인의 고민을 들어 주는 태도에 관한 대목이 나온다.

누군가 고통과 상처, 갈등을 이야기할 때는 '충고나 조언, 평가나 판단(충조평판)'을 하지 말아야 한다. 그래야 비로소 대화가 시작된다. '충조평판'은 고통에 빠진 사람의 상황에서 고통은 소거하고 상황만 인식할 때 나오는 말이다. 고통 속 상황에서 고통을 소거하면 그 상황에 대한 팩트 대부분이 유실된다. 그건 이미 팩트가 아니다. 모르고 하는 말이 도움이 될 리 없다. 알지 못하는 사람이 안다고 확신하며 기어이 던지는 말은 비수일 뿐이다.

책을 읽고 정신이 번쩍 들었다. 나도 모르게 함부로 충고하고 조언하는 경우가 있다. 후배가 고민을 토로할 때, '충조평판' 없이 "아, 그랬구나, 그래서 요즘 마음은 어때?" 하고 상대의 이야기를 듣는 데 집중한다. 내가 반드시 답을 해 줘야 한다는 강박도 내려놓았다. 지금 상대에게 필요한 건 충고나 조언이 아닌 자신의 이야기에 귀 기울여 주는 단 한 사람일 수 있으니까.

강원국 × 김민식 말하기의 태도

3장

경청이
태도를 만든다

잘 들으면 얻게 되는 것들

강── 말의 디폴트 값은 듣기다. 그림 그릴 때 색칠하려면 바탕색이 있어야 한다. 말하는 것을 색을 칠하는 과정이라고 본다면 바탕색에 해당하는 것이 바로 듣는 일이다. 우리가 살면서 잘 들음으로써 얻을 수 있는 이득에는 크게 세 가지가 있다.

인생의 방향을 바꾼 결정적 한마디

강 — 첫 번째, 자칫 놓칠 수 있는 결정적인 한마디를 붙들 수 있다는 것이다. 내게 그 한마디는 어머니의 유언이었다. 어머니가 세상을 떠난 새벽녘, 아버지는 우리 형제를 깨우지 않았다. 사람들이 우왕좌왕하는 소리에 나도 형도 깨어 있었지만 자는 척했다. 그날 어머니가 남긴 마지막 말은 "애들 공부는 끝까지 시켜 달라"는 것이었다. 어린 나이였지만 어머니의 유언은 어떤 상황에서도 공부를 놓아서는 안 된다는 마음가짐을 심어 주었다.

고등학교 시절 한창 방황할 때 복도에서 우연히 마주친 국어 선생님이 나를 불러 세우고 했던 말도 기억에 남아 있다.

"야 강원국, 너 왜 그러고 다녀? 너 할 수 있잖아. 아직 안 늦었어."

담임도 아니고 담당 교과 선생님도 아닌데, 그냥 지나가면서 툭 던지신 말씀에 귀가 번쩍 뜨였다. '어? 나 아직 할 수 있나? 정말로?' 선생님의 결정적인 한마디는 어머니의 유언을 상기시켰고 다시 공부할 힘을 주었다. 결정적 한마디는 살아가는 동안 결정적인 순간마다 큰 힘을 발휘한다. 그 한마디가 대오각성을 일으켜 인생의 향배를 바꾸어 놓는다. 하지만 귀를 닫고 있는 사람에게는 그 한마디가 '소귀에 경 읽듯' 그저 스쳐 지나갈 뿐이다.

강원국 × 김민식 말하기의 태도

말이 들리면 공부가 된다

강 — 두 번째, 잘 듣는 것은 그 자체로 좋은 공부가 된다. 같이 대화할 때 말을 많이 해 주는 사람을 만나면 나는 그저 고마울 따름이다. 얻는 게 많기 때문이다. 김우중 회장부터 김대중, 노무현 대통령에 이르기까지 그분들의 말이 나를 채워 주었다. 김우중 회장이 늘 하던 말이 있다.

"시간은 아끼되 땀과 노력은 아끼지 말라. 그런 사람에게 세계는 넓고 할 일은 많다."

나는 김 회장을 모신 이후 이 말에 기대 살았다. 부족한 역량을 시간으로 메웠고 타고나지 못한 재능을 땀과 노력으로 채웠다. 재능과 역량이 부족한 내게 큰 위안이 됐고 땀과 노력만 기울이면 못 할 일이 없다는 자신감과 용기가 생겼다.

김대중 대통령은 '전화위복轉禍爲福'이란 말을 좋아했다. 아니 그의 삶 자체가 전화위복을 증명하는 여정이었다. 그는 자신에게 주어진 고난과 역경을 희망과 기회로 만들었다. 그에게 다섯 번의 죽을 고비는 '김대중'이란 이름을 세상에 알리는 기회가 됐다. 그는 위기에 봉착했을 때 세 가지를 생각했다. 첫째, 시련은 영원하지 않다. 모든 것은 지나간다. 희망을 놓아선 안 된다. 반드시 어려움의 끝은 온다. 둘째, 그 끝이 왔을 때 스스로 부끄럽지 않도록 하자. 미진함은 있어도 후회는 없도록 하자. 할 수 있는 최선을 다하자. 셋째, 위기에서 기회 요인을 찾자. 나는 어려운 일을 당할 때마다 '전화위복'을 떠올린다. 그러면 그분이 생각나고 절로 힘이 난다.

한미 자유무역협정FTA 체결 연설문을 준비하면서 노무현 대통령이 내게 이렇게 말했다.

"미국과 FTA를 체결해서 100퍼센트 성공한다는 보장은 없습니다. 하지만 FTA를 체결하지 않으면 실패는 불 보듯 뻔합니다. 모든 일은 성공과 실패 확률이 50 대 50입니다. 하지만 아무것도 하지 않으면 100퍼센트 실패죠."

노 대통령 자신은 한 대 맞고 두 대 때릴 수 있으면 링에 오른다고 했다. 많은 사람이 한 대도 안 맞으려고 하니 도전하지 못하는 거라며. 그가 세상을 떠난 뒤로 나는 늘 이 말을 마음에 품고 산다. 밑져야 본전이다. 어차피 빈손으로 와서 빈손으로 가는 게 인생이다. 기왕 후회할 거면 시도해 보고 후회하자는 마음으로, 쉰 살 넘어서는 늘 시도하고 도전한다.

위기를 피하려면 잘 들어라

강 —— 세 번째, 우리는 경고의 목소리를 들음으로써 위기관리를 할 수 있다. 경고음은 사실 대부분 듣기 싫어하는 소리다. 누군가 내게 하는 지적이나 부정적인 뉘앙스를 담은 이야기를 기껍게 들을 수 있는 사람은 많지 않다. 특히 자신과 반대편에 있는 사람들이 그런 얘기를 하면 듣기 싫어지게 마련이다.

그런데도 경고의 목소리를 잘 들어야 하는 데에는 분명한 이유가 있다. 우리가 말을 하는 것은 기회를 얻기 위함이다. 그래서 말을 하는 것은 내 삶에 플러스 요인이 된다. 반대로 남의 말을 듣는 것은 마이너스를 막는 일에 해당한다. 제대로 듣지 않으면 사고가 터진다. 일할 때도 잘 들으면 사고를 방지할 수 있다. 플러스를 찾는 것만큼이나 마이너스를 막는 것이 중요하다.

대우그룹이 위험에 처했을 때 가장 먼저 일본의 노무라 증권에서 '대우가 위험하다'라는 보고서가 나왔다. 하지만 김우중 회장은 이를 일축했다. 이후에도 금융과 재무 측면에서 경고등이 켜지고 파열음이 들렸지만 아랑곳하지 않았다. 오히려 이런 신호에 반박하는 목소리를 내기 바빴다. 모든 위험은 듣지 않음에서 비롯된다. 듣지 않으면 파국을 면할 수 없다.

경고의 목소리는 쩌렁쩌렁하지 않다. 큰 목소리는 절로 멀리 퍼져 나가니 들리게 마련이다. 하지만 빽빽 소리를 지르면 그때는 경청이 아니라 수습해야 하는 단계다. 조곤조곤 이야기할 때 들어야 한다. 건강도 평상시 내 몸이 보내는 작은 신호에 귀 기울여야 변고를 막을 수 있지 않은가. 작은 목소리에 촉을 세우고 귀 기울여 듣는 사람이 경고의 목소리를 포착할 수 있다. 잘 듣는 사람이 위기관리를 할 수 있다.

나 또한 스스로 어려운 지경에 처했을 때 내가 너무 말을 많이 했구나 하는 생각이 들었다. 사람들 앞에서 마구 떠들지 말고 사람들의 얘기에 좀 더 귀 기울였다면 이런 실수를 안 했을 텐데 싶었다. 사람들은 욕심 때문에 나를, 내 것을 세상에 알리고 어필하려고 한다. 그러나 산술적으로 따져 계산해 보면 말을 해서 얻는 이득보다 잘 들어서 큰 재난을 피하는 편이 더 수지맞는 일이라는 결론에 도달하게 된다.

성찰을 위한 메타인지 높이는 법

강 — 불가에서는 '돈오점수頓悟漸修', 즉 깨달음은 한 번에 찾아오는 게 아니라 꾸준히 누적되어 이르는 것이라고 말한다. 어디 깨달음뿐이겠는가. 자기 성찰을 통해 자기실현을 하기 위해선 오랜 시간 자기 내면의 목소리에 귀 기울여야 한다.

자기 내면의 목소리는 타인의 말보다 볼륨이 더 작다. 자기 목소리를 잘 듣기 위해서는 메타인지가 필요하다. '메타인지'란 자신을 객관적인 대상으로 바라보며 무엇을 모르는지 파악하고 그로 인해 어떤 일이 발생할지 일련의 과정을 추론해 문제를 해결하거나 대비하려는 사고 활동이다.

예를 들어 어떤 과업에서 실패하고 좌절하거나 남 탓하는 사

강원국 × 김민식 말하기의 태도

람은 똑같은 실패를 반복한다. 메타인지가 높은 사람은 실패하더라도 객관적으로 자신한테 어떤 문제가 있었는지 파악하고 이를 개선하기 위해 무엇을 해야 할지 생각한다. 자신을 살피고 반성하는 성찰을 하느라 좌절하거나 남 탓할 시간이 없다.

다행히 메타인지는 타고나는 것보다 훈련을 통해 개발할 수 있는 측면이 많다. 메타인지를 높이는 방법은 끊임없이 자신에게 질문을 던지고 답하면서 그것이 적절한지 생각하고 보완하는 것을 반복하는 것이다. 자기 목소리를 듣는 데 익숙하지 않은 사람은 질문의 답을 적고 수정해 보는 것도 도움이 된다. 자기 목소리를 들으려는 노력이 충분히 누적되면 자기 성찰에 이르게 되고 나를 깊이 이해하는 만큼 타인에 대한 이해도 깊어지게 된다. 무엇보다 이렇게 살아야 인생을 멋있게 마무리할 수 있다.

비난을 수용하며 관계를 회복하는 법

김 —— 2020년의 한겨레 칼럼 사태는 내 인생에 치명타를 날렸다. 그걸 털고 다시 일어나는 건 쉽지 않았다. 그때 나의 흔들리는 마음을 잡아 준 건 역설적으로 나에 대한 비난이있다. 많은 분이 "내가 당신을 얼마나 좋아했는데, 내가 당신 책을 찾아 읽고, 당신 강연을 찾아서 참석하며, 당신을 얼마나 지지했는데 나에게 이런 배신감을 안길 수가 있느냐"라고 했다. 그 글을 볼 때마다 너무 죄송했다. 나를 좋게 봐주신 사람들에게 상처를 안긴 상태로 끝내고 싶지는 않았다. 어떻게든 그들의 마음을 풀어 주고 싶었다. 누군가 "야, 너 그렇게 안 봤는데, 실망이야"라고 한다면, 그는 나를 좋게 본 사람이다. 그런 고마운 사람을 두 번 다시 안 보면, 나만 손해다.

PD로 살면서 나는 대중의 판단을 존중해야 한다는 걸 배웠다. 후배 PD를 만나면 이런 얘기를 한다.

"이런 걸작이 어쩌다 망했을까 싶은 드라마는 있어도, 이렇게 후진 드라마가 어떻게 대박이 났지 싶은 드라마는 없다."

대중들이 미처 발견하지 못할 수는 있어도, 대중들이 좋아하는 데는 다 이유가 있다고 믿어야 한다. 시청률은 항상 옳다고 믿어야 PD로 일하며 성장할 수 있다.

또한 PD로 살면서 대중의 사랑이 영원하지는 않다는 것도 알게 되었다. 아무리 인기 많은 배우나 가수라도 한 번 사고 치면 수십만 안티대군이 몰려오고 수백만 악플이 쏟아진다. 산이 높을수록 골짜기도 깊다. 톱스타 반열에 올라선 만큼 추락의 타격이 심하다. 그렇게 인생이 바닥을 쳤을 때 어떻게 다시 일상으로 돌아갈까? 고민 끝에 내가 찾은 답은 나를 좋아했던 사람들에게 빚을 진 거라고 생각하는 거였다. 개저씨가 되고 쓰레기가 된 상태로 관계를 끝내는 건 너무 아쉽고 속상했다.

관계를 회복하기 위해서 우선 나를 향한 비난을 받아들여야 한다. 대중의 평가는 항상 옳았으니까. 그런 부정적 평가 역시 성장의 발판으로 삼아야 한다. 그렇다고 "죄송합니다, 반성하겠습니다" 한다고 해서 사람들의 마음이 바로 돌아서지는 않는다. 시간이 오래 걸린다. 그 시간 동안 나는 더 나은 사람이 되기 위해 노력했다. 비난을 견디고 반성과 성찰을 하려면 정신력이 필요하다. 가뜩이나 욕먹고 마음도 힘든데 하루의 일상마저 피폐해지면 성장은 요원하고 관계 회복은 가망이 없다. 더 나은 사람이 되기 위해 힘든 일에 나를 몰아넣는 게 아니라 오히려 즐거이 할 수 있는 일을 찾았다.

내가 나를 소중히 여기려고 애썼다. 비난의 댓글을 단 사람 중에는 방송 민주화 투쟁하던 나를 미워한 사람도 있었다. 기회가 왔구나, 하고 달려와 욕설을 늘어놓았다. 그런 이들의 악플은 더욱 가혹하다. 거기에 마음을 빼앗기지 말아야 한다. 나를 욕하는 이름도 모르는 댓글러보다 나 자신을 소중히 여기려고 했다.

무엇보다 일단 살아야겠다는 자세로 하루하루를 버텼다. 그러다 보니 어느샌가 친구들이 근황을 물었을 때 "강원국 작가님이랑 같이 책 쓰고 있어"라고 대답하는 날이 왔다. "우와, 좋겠다!"

라며 부러워하는 친구들의 눈빛에서 '김민식이 이제는 살아났구나' 하는 안도감을 엿보았다. 나락에 떨어졌을 때는 감히 강원국 작가와 같이 책을 쓸 수 있는 날이 올 거라 상상도 못 했다.

어머니는 그 시절에 쓴 《외로움 수업》을 정말 좋아한다. 매일 아침 일어나 책의 한 대목을 필사할 정도다.

"완아(어머니가 부르시는 나의 아명이다), 나는 네가 전에 쓴 책들보다 이 책이 더 좋다. 전에 쓴 책들은 다 네 자랑인데, 이 책에서는 네가 얼마나 큰 시련과 고난을 겪고 그걸 이겨 냈는지 진솔한 이야기가 들어 있어. 이 책에는 너의 진정성이 담겨서 참 좋아."

어머니가 곱게 붓글씨로 옮겨 적은 나의 글을 볼 때마다 감동이다. 나를 좋아하는 사람의 말은 힘이 세다. 아픈 말도 성장의 밑거름이 되고 응원의 한마디도 천군만마가 된다. 이 글을 읽고 있을 어머니를 위해 이 말을 남겨 본다.

"어머니가 어릴 적 학교 도서관에서 빌려다 주신 책 덕분에 제가 작가가 되었어요. 고맙습니다. 사랑합니다."

내 마음의 작은 소리에 귀를 기울이면

김 —— 2020년에 신문 칼럼을 쓸 때 내가 저지른 잘못에 대해서는 백번 사죄해도 부족하다. 나는 회사에 사표를 던지고 혼자 길을 걷고 책을 읽으며 많은 생각을 했다. 드라마 PD라는 화려한 직업을 그만두고 나니 극심한 외로움이 덮쳤다. 100세 시대를 예찬했던 나에게 갑작스러운 은퇴 후 혼자서 감당해야 할 기나긴 시간이 펼쳐진 거다. 아무 일도 하지 않으면 삶의 의미가 빠르게 퇴색한다. 당장 헤쳐 나가야 할 내일의 생계와 한참 남았다고 여겼던 노후가 겹치면서 '어떻게 살아야 하는가'라는 질문과 덜컥 직면한 거다.

수많은 사람과 현장을 누비며 신바람 나게 살던 내가 준비 없이 어디서 끝날지 알 수 없는 외롭고 괴로운 터널을 걷고 있자니 막막하기 그지없었다. 살아 내려면 무엇이든 시도하며 실패와 좌절 속에서 일상을 버티는 힘을 건져 올려야 한다. 걷고 달리고 읽고 혼자서 할 수 있는 건 다 해 보았다. 그렇게 새로운 루틴에 익숙해지고 마음에 굳은살이 박이고 나니 주변이 보이기 시작했다. 모처럼 인터넷 뉴스를 보고 좀처럼 볼 수 없었던 댓글도 보니, 나만 외로운 게 아니었다. 외로움이 괴로움이 되면 분노가 되는 걸 보면서 우리가 얼마나 외로움에 취약한 존재인지 깨달았다. 외로움에 잠식되지 않기 위해 노력하는 과정을 담은 책이 《외로움 수업》이다.

책이 나오고 위축된 마음을 애써 다독이며 책에 대한 리뷰를 검색해 보았다. 여러 댓글 중 제일 먼저 내 눈에 띈 건 이거였다.

"글을 써서 사고를 친 사람이 어떻게 다시 책을 내는지 이해를 못 하겠다. 나는 이 저자가 2020년에 쓴 글을 보고 상처를 많이 받았다. 저자가 남은 평생 잘못을 뉘우치며 반성하는 길은 그냥 조용히 사는 것 아닌가?"

글을 쓰고 강연하는 나에게 독서 리뷰나 강연 후기는 세상이 나를 어떻게 평가하는지를 보여 주는 척도다. 댓글에 연연하지 말라는 얘기를 종종 듣지만, 세상의 평가에 귀 기울이지 않으면 자기만족에 도취되어 제자리걸음만 하게 된다. 사람들이 내 이야기에서 어떤 점을 좋아하고 불편해하는지 확인해야 내 강연을 업그레이드할 수 있다.

PD 시절에도 그랬다. 시청자 게시판에서 다양한 의견을 접한다. "이 정도 싸구려 연출이라면 나도 하겠다"라는 말도 많이 들었다. 가혹한 평가를 받아도 나는 드라마 PD라는 나의 본분에 좌절하지 않았다. 어떻게 그랬을까? 드라마를 만드는 게 누구보다 내가 원하는 일이라는 걸 항상 되새긴 덕분이다. 내가 만든 시트콤이나 드라마를 보며 욕하는 사람이 있어도 나는 다음 회차

대본을 보면 이 장면을 어떻게 찍을까 가슴 설레고 촬영장에서 배우와 스태프와 함께 울고 웃으면서 드라마를 만들었다. 밤샘 촬영과 시청률에 쫓기며 힘들어도 그 시절을 버텨 낸 건 그 모든 순간이 내가 정말 좋아하는 일이라는 확신이었다. 만약 타인의 평가에 휘둘리며 내 마음의 소리를 듣지 못했다면 하루하루가 지옥이었을 거다.

초반에 부정적인 반응을 보고 좌절하니 금세 주변이 깜깜해졌다. 책을 쓰는 내내 두려워했던 일이다. 그때마다 내 마음 한구석에서 나의 사과와 진심이 사람들에게 전해지고 다시 사람들과 어울리며 살아가는 날이 올 거라는 작은 소리를 들었다. 눈을 뜨고 있어야 어둠에 익숙해지면서 암적응이 일어난다. 조금씩 책을 읽고 위로를 얻었다는 따뜻한 후기를 남긴 사람들의 응원이 보이기 시작했다. 살아갈 용기를 얻었다.

다시 강연을 시작하고 유튜브도 하면서 실시간으로 다양한 사람들의 반응을 보고 있다. 선플을 보면 큰 효능감을 느끼지만 악플을 볼 때마다 심장이 내려앉는다. 도무지 적응되지 않는다. 하지만 나는 세상의 평가를 외면하지 않을 거다. 그러기 위해 내 마음이 속삭이는 작은 소리에 귀를 기울인다. 나는 정말 좋아하는 일을 하고 있으니 얼마나 감사한가. 잘 모르는 누군가의 심한 말이 나에게 상처를 줄 수는 없다. 나는 앞으로도 계속 사람들과 어울리며 살아갈 거다. 나는 내가 참 소중하다.

지난 몇 년간 유튜브가 급부상하면서 전통적인 미디어가 뉴미디어로 바뀌었다. 미디어는 정보를 전달하는 매체다. 미디어가 바뀌면 소통 방식이 달라진다. 뉴미디어에 채 적응하기도 전에 챗GPT가 나타났다. 텍스트가 아닌 말로 학습하는 인공지능의 시대, 청해력이 중요해진 시대다. 강원국과 김민식은 이러한 변화를 예민하게 감지하고 있다. 이들은 아직도 배워야 할 게 넘쳐난다고 한다. 끝나지 않은 어른들의 말공부는 인생 공부다.

PART 5

대화의
질과 품격을
더하는 말공부

1장

듣고 이해하는
청해력이 중요하다

유튜버의 존재감은 말이 만든다

김── 강원국 작가님은 인터뷰를 앞두고 출연자에 대해 사전 조사를 할 때 주로 유튜브를 본다고 한다. 칼럼이나 글을 찾아볼 줄 알았는데 의외였다. 이유인즉슨 진행자는 상대의 말을 끌어내야 하는데 사전에 어떻게 말하는지 들어 보는 게 도움이 된다는 거다. 영상으로 직접 말하는 것을 보면 단문단답하는 스타일인지 동문서답하는 타입인지 의식의 흐름대로 말하는지 미리 파악할 수 있다. 상대방의 말하는 스타일을 알면 당황하지 않는다.

강원국 × 김민식 말하기의 태도

책을 쓰고 강연을 준비할 때 나도 유튜브에서 많은 정보를 얻었다. 어떤 정보에 대한 밀도 있고 정확하게 잘 만든 콘텐츠를 찾을 때는 조회 수가 높은 영상을 본다. 대중이 이미 취사선택해 준 걸 믿고 보면 된다. PD로 일할 때 알았다. 많은 사람이 보고 좋아하는 콘텐츠에는 그만한 이유가 있다.

코로나19 이후에 정보 탐색의 주요 창구가 유튜브로 넘어갔다. 도서관 강연을 자주 하다 보니 사서를 만날 일이 많다. 코로나19가 끝나고 다시 오프라인 문화 행사의 장이 열려 저자 강연을 준비하는데 참석자 수가 너무 적어서 고민이라고 한다. 몇 년 사이에 책 읽는 사람이 줄어 모객이 어려워진 걸까?

요즘은 책 읽는 사람들보다 유튜브를 보는 사람이 몇 배나 더 많다. 책을 쓰는 사람이 알려지려면 유튜브 채널에 출연해 인터뷰도 하고 강연도 해야 한다. 구독자가 많지 않아도 자기 채널이 없으면 출판사와 계약하기 어렵다는 이야기도 나돈다. 그럴 만도 한 게 도서관에 갔다가 저자 강연회 포스터를 봤는데 평소 유튜브에서 자주 보던 얼굴이면 "와, 우리 동네 도서관에 저분이 온다고?" 반기게 된다. 이름이 생소한 작가의 강연이라면 유튜브로 검색해 출연한 영상을 보고 재미있으면 강연에도 가 보고 싶어지지 않나.

이제는 작가가 글만 쓰는 게 아니라 카메라 앞에서 말하는 것도 잘해야 한다. 활자 매체가 지녔던 품격은 점점 줄어들고 있다.

영상 매체, 특히 유튜브 속 존재감이 갈수록 중요한 시대다. 서글 프기도 하지만 이런 변화를 받아들이고 적응해야 한다.

작가뿐이 아니다. 기술자도 자기 기술을 말로 설명할 수 있어야 일할 기회가 늘어난다. 인테리어 디자이너라면 도면을 그리는 실력도 중요하지만, 자신의 공간 설계 철학을 말로 설명하는 능력도 필요하다. 유튜브에서 콘텐츠와 크리에이터의 존재감은 글이 아니라 말로 쌓을 수 있다. 자기 브랜드를 만들려면 말하는 능력을 길러야 한다.

챗GPT 시대에 듣고 생각하는 훈련이 필요하다

김 —— 13년째 블로그를 운영하며 아침에 블로그에 글을 올리고 오후에 독자의 반응을 살피는 게 일과다. 요즘 들어 난감함을 느낀다. 블로그 댓글 수는 늘었는데 진솔한 독자 반응을 살피기는 어려워졌다.

"오늘도 글 잘 보고 갑니다. 우리 소통해요. 제 블로그에도 놀러 와 주세요." 이런 댓글이 너무 많다. 게다가 매일 똑같은 댓글이 달리기도 한다. 혹시 챗봇으로 자동 입력하는 건 아닐까? 내

글을 보러 온 게 아니라 댓글을 달아 방문자를 낚으려는 걸지도 모른다.

세명대 저널리즘대학원에서 방송제작론을 강의하는데 챗GPT가 나온 뒤로는 학생들에게 글로 쓰는 과제는 내지 않기로 했다. 수업 시간에 발표하는 걸 보고 성적으로 매긴다. 그 전까지만 해도 '공중파 추석 특집 예능 프로그램 기획안' 같은 과제를 냈었다. 그런데 막상 챗GPT가 기획안을 작성하는 걸 보니 일주일 동안 머리를 싸매고 만든 기획안이나 1분 만에 인공지능이 만든 기획안에 차이가 없다는 걸 깨달았다. 더는 글로 써낸 자기소개서나 에세이의 신빙성을 믿기 힘든 시대다. 결국은 직접 만나서 서로의 눈을 보면서 말로 하는 것 말고는 실력을 파악하기 힘들다. 이제는 말하기 실력에 따라 당락이 결정된다. 글쓰기 강연으로 먹고살던 내가 말하기의 중요성을 실감한 계기였다.

영화 〈헤어질 결심〉을 보고 통·번역을 그만두길 잘했구나 싶었다. 영화의 주인공 두 사람은 다른 언어를 쓰는데 휴대폰에 각자의 언어로 얘기하면 바로 통역이 된다. 한때 동시통역사가 시간당 5만 원씩 받으면서 "방금 한 얘기는 이겁니다"라고 말해주던 것을 이제 휴대폰으로 무료 통역 서비스를 이용하면 된다. 영화에서 인상적이었던 장면은 극 중 할머니가 "시리야, 〈안개〉틀어 줘!" 하니까 휴대폰에서 노래가 흘러나오는 대목이다. 키보드로 검색어를 입력하던 것도 과거의 일이다. 이제는 검색도 말로 한다.

인공지능은 어마어마하게 많은 정보를 순식간에 분석하고 학습한다. 텍스트 기반의 데이터베이스는 오랜 시간 쌓인 것이다. 하지만 이제 말을 알아듣는 인공지능은 텍스트가 아닌 영상 정보도 무한히 듣고 보고 학습할 수 있다. 이런 변화는 사람들이 정보를 얻고 학습하는 방식에도 변화를 일으킬 것이다. 유튜브 콘텐츠를 보고 온라인 강연을 들으면서 공부하는 것은 이미 일상이 되었다. 수업을 들을 때 녹취록 작성 앱을 켜 놓기만 하면 필기할 필요 없이 즉시 요약 노트까지 만들어 준다. 종이 노트에 펜으로 필기하는 학생이 희한하게 보일 지경이다.

하지만 인공지능의 발전 속도에 비해 인간의 신체는 훨씬 느리게 적응한다. 과거 뇌의 용량이 급격하게 늘고 뇌에서 소비되는 에너지가 증가했으나 소화기관의 진화가 더뎌 필요한 에너지를 충분히 공급받지 못했던 시절이 있었다. 우리는 아직 들은 것을 소화해 자기 것으로 만드는 것에 능숙하지 않다. 듣고 생각하는 훈련을 받은 적이 있던가. 챗GPT의 시대에는 잘 들을 줄 알아야 경쟁에서 밀려나지 않는다. 바야흐로 청해력의 시대가 되었다.

맥락을 읽고 받아들이는 일

강 —— 그저 잠자코 듣기만 하는 게 경청은 아니다. 아무리 듣는 게 많아도 그것이 의미 있는 정보가 되려면 들은 바를 소화하고 자기 것으로 만들 줄 알아야 한다. 글을 읽고 제대로 이해하려면 문해력이 필요한 것처럼 청해력이 있어야 경청할 수 있다. 말을 하는 사람의 의도와 감정, 말의 행간에 자리한 맥락을 파악하면서 듣고 그 뜻을 헤아려 받아들이는 것은 물론, 그것으로부터 자신에게 적용하고 활용할 수 있는 내용을 찾아내 실천하는 것까지를 포함하는 게 경청이다.

그런 점에서 볼 때 남녀 가운데 경청에 유리한 쪽은 단연 여성이다. 일반적으로 여성들은 타인에게 잘 공감하며 화자의 의도를 이해하려고 노력하는 모습을 보인다. 〈강원국의 지금 이 사람〉에 유방암 4기인 30대 여성이 출연한 적이 있다. 수술은 불가능하고 항암 치료를 받으면 살 날이 1년 정도 된다는 선고를 받았다. 항암 치료를 받다가 너무 힘들어서 중단하고 자연 치유에 희망을 걸었는데, 벌써 선고받은 지 2년 반이 넘었다고 했다. 초등학교 4학년, 3학년 아들이 있다는 그녀의 말을 듣고 어머니가 생각났다. 그때 형이 4학년, 내가 2학년이었다. 아, 우리 엄마가 놀아가셨을 때가 딱 이분 나이였네, 이렇게 젊으셨구나 싶었다. 그래서 더 귀를 쫑긋 세우고 이야기를 들었다.

4기 암을 이겨 내고 살아가는 힘이 어디서 나오느냐고 물었더니 '사랑'이라는 답이 돌아왔다. 그녀는 사랑을 두 방향으로 설명했다. 하나는 자신을 향한 자기애, 다른 하나는 타인을 향한 사랑이다. 그 두 가지를 있는 그대로 받아들인다고 했다. 내 안에 못난 면, 단점, 악한 마음이 있듯이 다른 사람들도 마찬가지다. 그래서 있는 그대로를 받아들이는 게 사랑이라는 것이었다. 경청 또한 그와 다르지 않다. 누군가의 이야기를 귀 기울여 듣는다는 것은 설령 그 사람을 존중하지 않더라도 용납하고 받아들이는 행위다. 상대의 장단점, 선악조차 판단하지 않고 들어 주고 수용하는 마음이 사랑이듯 말이다.

한참 이야기에 빠져들어 있다가 문득 아내 생각이 났다. 나는 아내를 사랑하는지 가끔 자문할 때가 있다. 잔소리며 듣기 싫은 소리를 할 때도 많지만 아내가 하는 말에는 늘 귀 기울인다. 장점과 단점, 선함과 악함, 가끔 보이는 우습고 바보 같은 일면까지 다 합친 존재가 아내라는 사람임을 인정하고 받아들인다. 그런 것이야말로 사랑이 아닐까. 얼마 전에는 아내가 가방을 잃어버리는 바람에 카드와 운전면허증까지 모조리 재발급하는 수고를 치렀다. 그런데 며칠 전에 또다시 가방을 잃어버리고 만 거다. 심지어는 장모님 드리려고 찾은 현금까지 들어 있었다. 나도 모르게

강원국 × 김민식 말하기의 태도

한소리 하려는데 아내가 "나 지금 파마하러 가는데 집에 안 들어오면 죽으러 간 줄 알아"라고 말했다. 나는 아무 말도 하지 않았다. 본인이 누구보다 괴로우니 잠자코 있으라는 뜻이겠거니 싶었다. 아내는 자기식으로 말을 하지만 그 말의 맥락을 읽고 의도에 따라 주는 것 또한 경청이리라.

말을 잘 들어야 내 것으로 만들 수 있다

김 —— 얼마 전 강연 가기로 한 지방의 도서관 사서에게 메일을 받았다.

"내일 행사인데 회신이 없으셔서 다시 한번 메일 드립니다! 메일 보시면 회신 한번 부탁드립니다."

메일에 답을 안 했다고? 앞에 보낸 메일을 살펴보니 끝에 내 전화번호를 알려 달라는 내용이 있었는데 그걸 모르고 지나쳐 버렸다. 메일에 회신은 없지, 연락처는 모르지, 사서 선생님이 얼마나 애가 탔을지 생각하면 얼굴이 화끈거린다. 어쩌다 이런 실수를 했을까? 곰곰이 돌이켜 보니 당시 상황이 떠올랐다. 책을 읽다가 메모할 내용이 생긱나 스마트폰을 열었다가 사서가 보낸 메일을 발견했다. 메일을 열었는데 내 머릿속에서는 글감이 사라지기 전에 빨리 메모하라는 경보음이 울려 댔다. 서둘러 내용을 훑으며 일시와 장소만 확인하고 메모장으로 넘어간 거다.

요즘 말로 나는 멀티가 안 되는 사람이다. 집중을 안 하면 문해력도 떨어진다. 온라인 뉴스 댓글을 보면 나와 같은 사람들이 많다는 걸 느낀다. 기사 본문과 상관없이 제목에 낚여서 분노에 찬 댓글을 쏟아 내는 이들이 있다. 찬찬히 전문을 읽어 보면 제목은 낚시일 뿐 본론은 미담 기사인데, 왜 사람들은 악플을 쏟아 낼까? 사람들의 마음에 여유가 없는 탓일까?

《도둑맞은 집중력》의 저자 요한 하리는 현대인의 집중력 지속 시간이 심각하게 줄어들고 있다고 우려한다. 노출되는 정보의 양은 폭발적으로 늘어나는데 시간은 한정된 자원이다 보니, 개별 메시지에 집중할 수 있는 시간이 줄어든다. 셰익스피어 시대에는 1년에 영국에서 출간된 책이 200권 정도였다. 마음만 먹으면 새로 나오는 모든 책을 읽고 자기 이야기를 만들어 낼 수 있었다. 지금은 어림없다. 30년 전과 비교해도 하루에 쏟아지는 정보를 다 보는데 평생을 바쳐야 할 지경이다.

우리의 뇌는 집중을 해야 내용을 파악하고 의미를 헤아릴 수 있다. 책을 읽을 때 눈으로 글자 하나하나를 보지만 뇌는 어구나 문장을 한데 묶어 의미 덩어리로 정보를 저장한다. 즉 의미 덩어리에 주의를 집중해야 전체 문맥을 파악할 수 있다. 집중력 지속 시간이 짧아지면 문해력은 떨어진다.

더 큰 문제는 청해력이다. 입력된 정보를 일시적으로 저장해 의미를 분석하는 작업 기억은 언어를 듣는 능력에 영향을 받는다. 말을 잘 들어야 이해하고 내 것으로 만들 수 있다는 거다. 연구에 따르면 난청이 있는 사람은 일반인보다 작업 기억이 떨어진다고 한다. ADHD와 같은 주의력집중장애가 있는 아이들도 작업 기억이 떨어진다. 청해력은 듣고 이해하는 능력이다. 운동할 때 힘을 쓰듯 마음을 쓰고 에너지를 쓰면서 집중해서 듣지 않으면 이해理解, 즉 그 말의 이치를 파악해 받아들이는 것에 이를 수 없다.

텍스트 위주의 정보들이 영상으로 대체되면서 정보를 습득하는 방식과 속도가 달라졌다. 웬만한 건 이미지나 영상으로 다 검색되니, 봤으니까 안다고 생각하기에 십상이다. 그러나 본 것과 아는 것은 다르다. 숏 형식의 영상에 익숙해지면 한 시간짜리 다큐멘터리나 두 시간짜리 영화를 보는 게 어려워진다. 수많은 영상을 건너뛰면서 보는 것도 집중력을 떨어뜨린다. 휴대폰도 문제다. 책을 읽거나 강의를 듣다가 알림이 오면 순간적으로 휴대폰을 들여다본다. 주의력을 분산시키는 게 너무 많다. 온전히 책만 읽고 대화에만 집중할 수 있는 환경을 만들어야 한다.

책은 도서관에서 읽거나 방해받지 않는 공간에서 시간을 정해 두고 읽는다. 휴대폰은 꺼둔다. 사람들과 만나는 자리에선 휴대

폰을 무음으로 바꾸고 가방에 넣어 둔다. 휴대폰만 손에서 떨어
뜨려 놓아도 한결 대화에 집중할 수 있다. 책을 읽거나 대화한 뒤
에는 가만히 보고 들은 내용을 떠올리면서 내 생각을 정리해 본
다. 생각보다 시간이 오래 걸린다. 꼭 필요한 시간이다.

2장

이청득심,
잘 들어서 마음을 얻다

> ### 자존감이 낮은 사람이 경청을 잘한다

강—— 나처럼 자존감이 낮은 사람들은 인간관계가 삐걱거릴 때면 크게 스트레스를 받는다. 모든 사람과 관계가 원만해야 하는데 그렇지 못하다는 사실에 부질없이 괴로워한다. 어쩌면 내 성향이 그러하기에 더더욱 잘 듣는 사람이 된 것일지도 모른다. 남의 이야기를 경청할 줄 안다는 것은 자존감 낮은 사람들의 큰 장점이다. 이들은 자신을 드러내기를 두려워한다. 스스로 자기 수준이 낮다고 여겨 본색이 탄로 나지 않도록 밑을 아끼려 한다.

그러다 보니 주로 듣는 입장이 된다. 늘 자기 자신을 믿지 못하기 때문에 마음 한구석이 불안한데, 인간관계에서 문제가 생기면 이 불안감이 가중된다. 자존감이 낮은 사람들은 타인의 인정을 받기 위해서라도 듣기에 열중한다. 잘 들어야 상대방의 의중을 파악하고 그에 맞춰 행동함으로써 관계가 악화되는 일을 방지할 수 있기 때문이다.

요약하자면 나는 자신을 드러내지 않기 위해서, 남들과 좋은 관계를 유지하기 위해서, 남들에게 인정받기 위해서 잘 듣는 사람이 된 셈이다. 어떤 이들은 오히려 이런 나를 보고 스스로 자신을 낮춘다고 한다. 사실은 자신이 없고 역량이 떨어져서 한발 물러서는 것뿐인데, 남들을 배려하고 양보하는 모습으로 비춰진다. 나는 자신을 낮추는 겸허한 사람이 아니라 그저 자존감이 낮은 사람이다.

나는 왜 사람들이 똑똑한 사람처럼 보이려고 하는지 모르겠다. 내가 아는 한 대다수 사람은 완벽한 사람을 좋아하지 않는다. 완벽은 시샘의 대상이고 질투만 불러올 뿐 백해무익하지 않나? 하지만 남의 밑에서 일할 때는 자신이 가진 것보다 더 가진 것처럼 보여야 한다. 나를 부리는 사람은 내 역량보다 더 나은 결과물을 요구하기 때문이다. 예를 들어 내가 60점의 역량을 가지고 있다면 조직은 80점의 결과물을 요구한다. 80점으로 보이기 위해 밤을 새워 일한다. 20점의 차이만큼 스트레스를 받는다. 하나의 일이 끝나면 또 그다음 일을 준다. 조직에서는 '더, 더, 더, 더!'를 요구한다. 역량이 80점에 이르면 100점의 결과물을, 100점에 이르면 120점을 기대한다. 기대치와 실제 역량과의 차이를 메우는 노력 값이 월급이다. 이런 환경에 잘 적응하고 기대에 부응하면 일취월장한다.

나의 매력은 허점이 많다는 것이다. 내가 똑똑하다고 생각하는 사람은 거의 없다. 아무도 나에게 '똑소리' 나는 말을 기대하지 않는다. 나를 떠올리면 빙긋이 웃거나 같잖게 여긴다. 그래서 편하게 말할 수 있다. 아니 편한 정도를 넘어 말을 즐길 수 있다.

자존감이 낮은 사람은 자신을 감추기 위해 상대의 말을 잘 들을 뿐 아니라 자신에 대한 기대치가 낮아서 오히려 거리낌 없이 말도 잘할 수 있다. 100점에서 시작하면 떨어질 일밖에 없지만, 바닥에서 출발하면 올라갈 일만 남는다. 점수를 못 딴다고 해도 본전이고, 따는 만큼 이익이기 때문이다. 따야 한다는 부담이 없을 때 더 나은 결과를 얻을 수 있다.

말을 잘하고 싶은 욕심을 이기는 법

강── 말은 상대가 있다. 남을 이기고 싶은 마음이 소통의 걸림돌이다. 남보다 말을 잘해야지, 남에게 지지 말아야지 하는 마음이 문제다. 사람에게는 약자를 도우려는 마음, 측은지심이 있다. 잘난 사람이나 이기는 사람보다는 못난 사람, 지는 사람 편에 서고 싶다. 거만해 보이기보다는 안쓰러워 보이는 게 유리하다.

그렇다고 무조건 져주는 게 능사는 아니지만, 관계의 측면에서는 말로 이기려 들다가는 낭패를 볼 수 있다. 내가 말로 이기면 누군가는 지게 되고, 진 사람과의 관계가 좋을 리 없잖은가. 실제로 말로 지는 게 관계에서 이기는 경우가 많다.

남을 이기려고 말하는 사람의 특징이 있다.

우선 말의 점유율이 높다. 말의 승부는 양의 많고 적음에 있지 않다는 사실을 모른다. 말을 많이 하는 것이 남보다 말을 잘하는 것이라고 믿는다. 정리되지 않은 생각을 의식의 흐름대로 말하며 군더더기와 중복이 많다. 한마디로 장황하다. 나쁜 사람은 아니다. 눈치가 없을 뿐이다.

모르는 것도 아는 체한다. 박학다식을 뽐낸다. 멋있게 말하려고 한다. 듣는 사람으로선 멋지기는커녕 마치 조미료를 많이 넣

강원국 × 김민식 말하기의 태도

은 음식처럼 느끼하다.

부지불식간에 이래라저래라 끼어들어 충고한다. 의도는 상대를 위한 것이나, 과도한 친절은 간섭이고 참견이 된다는 걸 모른다. 듣는 사람은 '당신이 왜 내게 그런 소리를 해. 당신이 뭔데?'라고 생각하며 주제넘는다고 느낀다.

말은 이기고 지는 승부가 아니다. 주고받음이다. 거래를 통해 서로 원하는 것을 얻는 흥정이다. 이기려 하지 말고 함께 성공하려고 해야 한다. 독식하려 하지 말고 교환해야 한다. 이런 소통을 잘하는 사람의 특징이 있다.

- 상대 애기를 겸손하게 듣는다.
- 들은 다음 궁금한 것을 묻고, 이해되지 않는 부분에 관해서는 의문을 제기한다.
- 자기주장을 할 때는 이유와 근거를 갖고 말한다.
- 독선적이지 않고 다름을 인정한다.
- 소수 의견도 존중한다.
- 극단에 치우치지 않고 균형감이 있다.
- 오류 지적을 겸허히 수용하고 잘못은 곧장 사과한다.
- 반대만 하지 않고 대안을 제시한다.

나는 이기려고 할 때 늘 졌다. 회사에서 임원을 맡았을 때도 그랬다. 아래 직원 중에 도드라지게 똑똑한 A라는 사람이 있었다. 그가 보고한 문서는 고칠 게 없었다. 처음에는 그가 고마웠다. 그런데 어느 순간부터 그가 부담스럽기 시작했다. 내가 이 친구보다 월급도 더 받고 좋은 대접을 받는데, 나보다 더 많은 역할을 하는 그가 불편했다. 그러다 어느새 내가 그와 경쟁하고 있다는 것을 알았다. '네가 그렇게 잘났어? 보자 보자 하니까. 아주 기어오르네?' 급기야 내 존재 의미에 회의가 들 무렵, 그를 다른 부서로 보냈다.

모든 불행은 비교에서 비롯된다. 이런 사실을 알고 나서부터는 남과 견주지 않는다. 나는 나의 과거와 비교한다. 그러면 늘 이전보다 나아진 자신을 발견한다. 또한 어느새 내가 아는 내가 남들에게 보이는 나보다 낫다는 자부심이 있다. 나는 속으로 말한다. '나를 잘 모르는구먼. 내가 당신들이 생각하는 것만큼 그렇게 형편없진 않거든?'

사람은 누구나 자기가 가진 것보다 더 가진 것처럼 보이고 싶어 한다. 하지만 자기 실력보다 더 실력 있는 사람처럼 보이고 싶은 건 욕심일 뿐 현실이 될 수 없다. 시험을 잘 보고 싶다고 해서 잘 볼 순 없는 것 아닌가. 공부한 만큼 볼 수밖에 없다. 지금은 내 실력만큼 말하고 더 노력해서 다음에 말을 잘하려고 해야 한다.

그렇다고 남보다 자기가 더 나은 사람으로 보이고 싶은 욕심을 버리는 것만이 능사는 아니다. 욕심은 욕심대로 부리되 그에 맞춰 자기 수준을 높이면 된다. 말을 잘하기 위해 많이 읽고 쓰고 듣는 걸 게을리하지 않으면 어느새 수준이 올라가고, 결국 욕심이었던 게 더는 욕심이 아니게 된다. 이렇게 자신을 갈고닦는 것도 욕심을 이기는 방법이다. 나는 강연할 때마다 이전 강연에서 하지 않았던 새로운 말을 한마디라도 추가하려고 한다. 그래서 강연 때마다 그 한마디만큼 성장한다. 욕심을 성장의 동력으로 활용한다.

귀를 기울이면 주연보다 빛난다

강 — 누구나 인생의 무대에서 주인공을 꿈꾼다. 그러나 살다 보면 그저 주인공의 등장에 환호하고 박수를 보내는 것으로 만족해야 한다는 엄연한 사실을 깨닫게 된다.

나도 처음부터 조연이나 단역이 목표는 아니었다. 그런데 방송에 나가 말해 보니까 주인공보다는 조연이나 감초 역할이 제격이다. 2인자나 넘버 3으로서 한마디씩 거드는 역할을 잘한다. 방송이나 토론을 진행하는 역할은 내 몸에 맞지 않는 옷처럼 거북하다. 간혹 진행하더라도 그 자리의 주인공을 빛내 주는 역할이 맞다.

살아온 이력 자체가 그렇다. 나는 지금까지 리더 역할을 해 본 적이 없다. 늘 참모였고 비서였다. 누군가의 무엇이었지, 내가 누구로서 살지 못했다. 내가 하고 싶은 말보다는 상대가 듣고 싶어하는 말을 찾아서 하려고 했다. 할 수 없는 일도 '할 수 있다'라고 했고 하기 싫어도 '하기 싫다'라고 말하지 않았다. 비겁과 비굴 사이를 오감으로써 누군가의 인정과 사랑을 구걸했다.

주인공이 되는 걸 포기하거나 사양하면 그때부터 소통이 수월해진다. 대화 자리나 회의, 토론하는 시간에 스스로 조연 역할을 자임해 보라. 학교 다닐 적 부회장이나 부반장이 느끼는 편안함을 누릴 수 있다. 말은 부담감을 느끼지 않을 때 더 잘 된다. 운이 좋으면 주연보다 더 빛날 수도 있다.

완벽하고 싶은 마음, 이기고 싶은 마음, 주역이 되고 싶은 마음을 버리자. 이 모두를 한꺼번에 내려놓을 방법이 있다. 잘 듣는 것이다. 이청득심以聽得心, 귀를 기울임으로써 사람의 마음을 얻는 것, 이것이야말로 당신을 누구나 인정할 만한 주인공으로 만들어 줄 지름길이다.

3장

품격 있는
삶을 위한 말공부

책 읽기와 듣기의 공통점

김—— 책을 읽을 때나 다른 사람의 말을 들을 때면 다양한 방식으로 접근해야 한다. 책의 종류에 따라 때로는 통독하고 때로는 드문드문 발췌해서 읽고 또 가끔은 정독하기도 한다. 말을 들을 때도 마찬가지다. 까칠하게 튕겨 낼 때가 있는가 하면 주의 깊게 듣고 빠져드는 일도 있다. 책의 행간을 읽듯이 상대방이 하는 말의 의도와 취지를 읽어 내야 한다.

　내가 항상 사람들에게 이야기하는 다독의 비결이 있다. 소설부터 에세이, 과학, 인문, 고전, 실용서, 자기계발서에 이르기까지 다양한 분야의 책을 폭넓게 읽어야 한다는 것이다. 나는 여러 권의 책을 쌓아 놓고 읽다가 재미없으면 바로 덮고 다른 책으로 넘어간다. 몸 상태가 좋으면 좀 더 어려운 책에 도전하고 싶기도 하고 너무 피곤할 때는 진지한 책을 읽기 힘든 적도 있다. 대체로 내 상태가 어떤지는 책을 읽기 전에는 알 수 없다. 책이 눈에 잘 들어오지 않을 때는 책 탓을 하지 않는다.

세상에 좋은 책과 나쁜 책이 따로 있는 게 아니라 지금 이 순간의 나와 맞지 않는 책이 있을 뿐이다. 그런 책은 미래의 나를 위해 양보한다. 지금 내게 더 와 닿는 책을 찾아 다음 책으로 넘어간다. 사람의 인연도 마찬가지다. 좋은 사람, 나쁜 사람이 있는 게 아니라, 그 순간 나와 더 맞는 사람이 있고 아닌 사람이 있다.

장르가 다르면 읽는 방법이 달라진다. 서점에서 에세이를 고를 때, 우선 앞부분부터 읽어 보고 재미있으면 산다. 에세이는 수록된 글의 순서가 덜 중요하기에 주로 전반부에 좋은 글을 배치한다. 반면에 경제서나 과학책은 마지막이 중요하다. 경제학이나 과학 분야의 저자들은 권말에 결론을 배치하는 경향이 있다.《총균쇠》나《21세기 자본》도 마지막에 결론이 나온다. 결론 부분을 먼저 살펴보고 자신이 모르는 얘기인데 흥미롭다 싶으면 처음부터 읽는다.

사람에도 장르가 있다. 어떤 분야에 해당하는지 나만의 기준에 따라 구분할 수 있다. "이 사람이 하는 이야기는 지루하지만 잘 새겨들으면 직장생활의 효율을 높이는 데 도움이 될 것 같아"라고 말한다면 자기계발서 같은 사람이다. "이 친구는 시답지 않은 이야기를 하지만 같이 있으면 그냥 재미있어"라고 말한다면 만화책이나 무협지 같은 사람이다.

장르가 다르면 듣는 방법도 달라진다. 모든 책을 정독하지 않듯이 항상 100퍼센트 주의를 집중해서 들을 필요는 없다. 동호회처럼 여러 사람이 모인 곳에서는 가볍게 에세이를 읽듯이 이 사람 저 사람의 이야기를 들어 봐도 괜찮다. 벤처기업을 성공시키고 40대에 일찌감치 은퇴한 사람을 만났다면 경제서처럼 결론을 이미 알고 있는 셈이다. 그렇다면 어떻게 창업했고 기업을 운영했는지, 은퇴 후에는 무엇을 하며 지내는지 등등 궁금한 게 있으면 더 이야기를 들어 본다.

책이 그러하듯 좋은 사람, 나쁜 사람이 있는 게 아니라 그 순간 나와 잘 맞는 사람이 있다. 피곤하고 날이 서 있을 때는 지적하는 선배가 나를 괴롭히는 원수 같다. 무언가 배우겠다는 의욕으로 충만할 때는 그 선배가 은인처럼 느껴진다. 지금 나와 맞지 않는 사람이라고 여겨진다면, 훗날 어떤 인연이 될지는 알 수 없으니 잠깐 거리를 두되 절연하지는 말자. 한 사람을 만나는 건, 수십 년의 인생의 합을 만나는 일이다. 귀를 기울이면 반드시 배울 점이 있다.

매너가 좋은 관계를 만든다

김 —— 도서관 강연을 다니다 보면 이런 질문을 하는 독자가 있다.

"제가 바빠서 PD님이 쓴 책을 읽지 못했는데요. 혹시 5분 내로 그 책 내용을 요약해서 말씀해 주실 수 있을까요?"

그러면 웃으면서 이야기한다.

"죄송한데요, 제가 쓴 책은 매일 30분씩 꾸준히 시간을 내어 회화 문장을 외우는 요령을 알려 주는 영어 공부법입니다. 책 한 권 읽을 시간이 없는 분께 권할 만한 내용이 아니라 안 읽으셔도 됩니다."

물론 저자를 만난 김에 핵심 내용을 듣고 싶은 마음을 모르는 바는 아니나, 상대에 대한 예의가 아니다. 나 역시 저자 강연을 들으러 갈 때면 저자의 이력을 찾아보고 책 내용을 살펴본다. 아는 만큼 저자의 이야기에 더 애정을 갖고 집중할 수 있게 된다. 그건 상대방에 대한 예의일 뿐만 아니라 나에 대한 예의기도 하다. 자전거를 타고 놀러 가거나 영화를 보러 갈 수도 있는 시간에, 저자 강연을 듣기로 결심했다. 그렇다면 그 시간을 알차게 보내야 하지 않을까?

누군가의 이야기를 잘 듣기 위해 가장 좋은 방법은 상대에 대한 관심과 애정을 갖는 거다. 나의 경우, 상대방이 쓴 글을 읽거나 작품을 보면 애정과 관심이 생긴다. 그런 상태에서 강연을 들으면 기대 이상의 효용과 보람을 얻는다. 사람을 만날 때도 그렇다. 좋은 사람과의 관계를 유지하기 위해 더 많은 시간을 들인다. 좋은 인연을 맺으려면 시간을 들여야 하는 법이다.

느슨하고 폭넓은 씨줄과 끈끈하고 친밀한 날줄이 잘 맞물려야 관계의 그물이 만들어진다. 씨줄은 충분조건이다. 새로운 사람을 많이 만나 관계의 폭을 넓혀야 한다. 날줄은 필요조건이다. 모든 관계를 깊이 파고들지 않아도 된다. 건성건성 넘겨보던 책에서 마음에 드는 구절을 발견하면 자세를 고쳐 앉아 정독하지 않나. 모든 만남에 최선을 다해 경청하다 보면 삶이 피곤하다.

인간관계의 그물을 잘 짜려면 아이스브레이킹을 할 줄 알아야 한다. 가볍지만 상대가 답하기 좋은 질문 리스트를 만들어 보자. 질문을 한 다음에는 들어 주면 된다. 호감을 표시하는 몇 가지 리액션을 취하는 것도 효과적이다. 인중과 눈을 교차로 바라보거나 상대의 몸짓을 따라 하고, 휴대폰을 보지 않는 것만으로도 좋은 인상을 줄 수 있다. 나의 태도에 적당한 예의를 지켜 주는 사람이라면 좋은 관계를 기대해볼 만하다. 경청은 그다음부터 해도 충분하다.

10년 동안 매일 아침 글을 써 봤니?

김 — 2010년 티스토리에 블로그를 만들고 매일 글을 한 편씩 올렸다. 초반에는 예전에 연출했던 작품 이야기도 쓰고 PD 지망생들을 위한 글도 썼다. 몇 달이 지나자 글감이 동났다. 글감을 찾다가 책을 읽고 밑줄 그은 대목에 나의 감상을 보태어 리뷰를 쓰기 시작했다. 독서 리뷰를 올리다 여행기를 올렸더니 반응이 괜찮았다. 여행으로 글감을 넓히니 쓸거리가 넘쳐났다. 1992년에 다녀온 유럽 배낭여행부터 기록하다가 어느 순간 왜 수십 년 전에 다녀온 여행 이야기만 쓰고 있나 싶더라. 당장 휴가를 내고 장기 여행을 가긴 어려우니 일단 서울 한강 자전거 여행을 다녀왔다. 서울 근교 자전거 여행지에 대한 정보와 직접 다녀보면서 보고 느낀 바를 적었더니 반응이 폭발적이었다. 내친김에 추석 연휴 동안 자전거 전국일주를 떠났다. 그렇게 40대에 글 쓰는 재미에 푹 빠졌다.

2020년 가을 MBC 드라마국에 구조조정 바람이 불었다. 드라마 PD는 50대가 되면 미니시리즈를 연출하기엔 감각이 무뎌져서 일일연속극이나 주말극 연출을 한다. 코로나19의 여파와 유튜브, OTT가 부상하면서 공중파 광고 시장은 점점 줄어들었다.

강원국 × 김민식 말하기의 태도

드라마 제작 편수가 줄면서 일일연속극과 주말극이 안방극장에서 사라졌다. 뭘 하고 살아야 하나 고민하던 시절, 그동안 열심히 써 온 블로그 목록을 보았다.

10년 동안 나는 회사에 다니는 짬짬이 책을 읽고 여행하고 글을 쓰며 살았다. 파업에 참여했다가 연출에서 배제되고, 방송사 상황이 나빠져 연출에서 밀려난 시간이었는데도 내 인생은 나쁘지 않았다. 아니, 꽤 괜찮았다. 회사에 있을 때보다 퇴근하고 보낸 시간이 더 즐거웠다. 이런저런 일들이 겹치면서 더는 버티기 힘들다는 생각이 들었을 때, 계산기를 꺼냈다. 경제적 자유가 어느 정도 확보된다면 은퇴하자. 명예퇴직을 신청하고 책을 썼다. 강연도 조금씩 늘렸고 대학원 강의도 시작했다. 홀수 달에 일하고 짝수 달에 여행을 갈 수 있게 인생 시간표를 짰다. 읽고 싶은 책과 가고 싶은 여행지가 많아 설레고 즐거웠다.

돌이켜 보니 40대에 블로그에 글을 쓰기 시작한 것이 인생의 전환점이 되었다. 10년 동안 글을 쓰며 매일 나와 대화를 나누었다. 거창한 게 아니었다. 그저 책을 읽고 마음에 드는 구절을 옮기는 것부터 시작했다. 깊이 생각할 것도 없이 그냥 옮겨 쓰면 되니까 어려울 게 없었다. 그러다 왜 좋았는지 한두 문장을 덧붙였다. 생각할 시간이 조금 늘어났다. 남의 글 없이 여행기를 쓰려니 조금 더 오래 걸렸다. 온전히 나의 이야기를 쓰는 데 재미를 붙이기 시작했다. 다시 리뷰를 쓸 때 책 내용에 나의 경험을 덧붙였다. 예전의 나를 만나 지금 나를 되돌아보고 앞으로의 나에 대해 상상했다. 나와 만나는 동안 짠한 모습에 이마를 찡그리기도 하고 재미난 모습에 웃기도 했다. 실수하고 실패하고 아프고 후회했던 날들과 굴복하지 않고 싸웠던 날들, 기쁘고 감동적이고 뿌듯했던 날들이 스쳐 지나갔다. 매일 아침 한 시간, 블로그를 쓰는 동안 수많은 나를 만나며 나에 대해 알아갔다. 그렇게 10년이 쌓이니 온전히 나의 자산이 됐다.

직장에서 은퇴하고 인생 후반전을 꾀하는 사람들에게 글쓰기를 권한다. 주제는 '내가 좋아하는 것들'이다. 영화 〈사운드 오브 뮤직〉에 나오는 노래 〈My favorite things〉를 틀어 놓고 내가 좋아하는 것들의 목록을 작성해 보자. 그리고 그 목록을 하나씩 써 내려가다 보면 어느새 내면의 지도가 그려진다. 나는 무엇을 할 때 즐거운 사람인가. 나도 오십이 다 되어 알았다.

강원국처럼 살고 싶다

김 —— 강원국 작가님은 자신을 싫어하는 사람이 대체로 없는 걸 보면 자기는 좋은 사람이 아니라고 한다. 실제로도 작가님 인터뷰나 글에는 악플이 거의 없다. 흔히 말 잘하는 사람은 "저 사람, 말은 참 잘하는데 가만히 보면 좀 얄미운 구석이 있어"라는 평가를 받기 마련이다. 나 역시도 발언 기회가 생기면 욕심이 피어오른다. 사람들의 귀에 착 감기는 통쾌한 말을 던지고 싶다. 그런 욕심으로 사이다 발언을 했다가 누군가에게 통쾌한 말이 다른 이에게는 불쾌한 언사가 될 수 있다는 걸 적잖이 겪었다.

강원국 작가님은 어떻게 악플 없는 인생을 살게 된 걸까? 타고나길 소심한 기질에 어려서 어머니를 잃고 친척 집을 전전하며 사람들의 눈치를 살피는 태도가 몸에 배었다고 한다. 게다가 직장생활 내내 한순간 눈 밖에 나면 그 자리에서 쫓아낼 수 있는 높은 상사를 곁에서 보필했다. 평생 자기 말을 삼키고 남의 말을 들으면서 살았다. 그런 사람이 지금은 무대에 올라 강연하고 책을 쓰며 자기 말로 먹고산다. 이렇게 멋진 고난 극복 서사의 주인공이 있을까?

나는 강원국 작가님의 책을 읽고 글쓰기를 배웠다. 작가님을 롤모델로 삼고 삶의 태도를 본받고자 했다. 작가님은 자신이 김우중 회장, 김대중 대통령, 노무현 대통령을 상사로 모신 행운이 따랐기 때문이라고 겸손하게 말하지만, 자신의 약점을 장점으로 승화할 수 있었던 건 순전히 본인의 노력 때문이라고 생각한다. 타고난 기질과 환경적인 요인으로 몸에 밴 태도를 경청에 적합한 조건으로 활용하기 위해 세 가지, 다섯 가지, 열 가지 방법을 생각해 내고 시도하고 적용하면서 능력을 인정받았고 끝내는 자기 말로 일가를 이루었다.

그 시간을 버텨 낸 가장 큰 원동력은 성장 욕구다. 내가 작가님을 롤모델로 삼게 된 것도 비슷한 이유에서다. 내 안에도 지금의 나보다 더 나은 사람이 되고 싶다는 열망과 멋진 사람을 보면 배우고 싶고 닮고 싶다는 욕구가 끓고 있다. 비록 나는 김대중, 노무현 대통령 같은 분들을 만나 같이 일할 행운을 누리지는 못했지만, 나는 책을 통해 수많은 스승을 만났다. 강원국 작가님을 처음 만난 것도 책을 통해서였다.

작가님을 만나 함께 경청에 관한 이야기를 나누면서, 한동안 나는 작가님의 이야기를 듣기만 했다. 작가님은 직장생활 내내 경청을 잘하는 방법을 연구했다면, 나는 어떤 매뉴얼이나 방법론 없이 그저 경청해 왔을 뿐이다. 작가님이 자기만의 소통법을 어떻게 체계화했는지 배우고서야 나의 듣기 방식을 정리해 낼 수 있었다.

작가님과 나는 완전히 다르면서도 상당히 비슷한 점을 갖고 있다. 나 역시 어려서 주눅 들어 살고 사회에서는 너무 잘난 사람들 틈에서 눈치를 살피며 살았다. 그런 기질과 환경이 경청에 유리하게 작용할 줄은 전혀 몰랐다. 그러다 운 좋게도 성의껏 들었을 뿐인데 인생이 잘 풀리는 경험을 했다. 우리는 비서관으로 PD로 각자 다른 위치에서 경청의 효능감을 백분 느끼며 일했다. 말로 남을 이기려 들지 않아도 사회적으로 밀리지 않는 삶을 살 수 있었다.

어쩌면 운이 좋았던 걸지도 모른다. 경청하는 걸 어렵고 힘들어 하는 게 문제는 아니다. 주관이 뚜렷하고 남의 눈치 살피지 않고 원하는 대로 사는 사람은 경청을 잘 못 한다고 아쉬워할 필요가 없다. 말로 남을 이기려 들지 않고 나쁜 말을 하지 않으면 된다. 노력해도 안 되는 일이 있다. 소통을 잘하려면 경청을 잘해야 할 것 같아 배우려고 노력했다면 그걸로 충분하다. 경청이 본인의 기질에 맞지 않다면 자책하지 말고 말을 잘하도록 노력하면 된다.

《강원국의 진짜 공부》를 보면 사람은 누구나 잘할 수 있는 게 있다. 그것을 찾는 게 공부다. 어려서 대입이나 취업을 위해 시험 공부를 할 때는 스트레스가 많다. 못하는 과목도 잘하기 위해 노력해야 하니까. 어른의 공부는 다르다. 못하는 걸 붙들고 끙끙거리는 대신 자신이 잘하거나 좋아하는 공부를 골라 할 수 있다. 그게 어른의 공부이며 진짜 공부다.

가족, 친구, 연인 등 가까운 사이에서 대화할 때 어려움을 겪는 경우가 많다. 강원국과 김민식, 두 사람도 사적인 관계에서 상대방의 마음을 헤아리고 나의 진심을 제대로 전하는 것은 늘 어려운 숙제였다. 특히 가장 사적인 관계인 남편과 아내, 부모와 자녀 사이는 너무 당연하므로 적절한 관계 설정이 이루어지지 않는다. 사적인 관계에서 잘 들어 준다는 것의 의미는 상대방의 이야기를 온전히 포용해 행동에 옮기는 것까지를 포함한다.

대담

마음을 사로잡는
대화의 기술

오해를 풀고 상대를 배려하는 사과법

불화의 유형과 화해의 절차

김민식 오해와 불화라는 게 잘 모르는 사람들이 아니라 사적인 관
계가 깊어야 생기는 일이더라고요. 그래서 더욱 사과하는 게
힘들지 않나 싶어요.

강원국 특히 말주변 없는 사람들에게는 정말 괴로운 순간이지요. 되
도록 그런 일을 만들지 않는 게 상책인데 그러다 보니 막상
상황이 생기면 일이 커져요.

김민식 작가님이라면 이런 상황에서 감정적이기보다는 이성적으로
철저히 대비하셨겠지요. 작가님만의 절차가 있을 듯합니다.

강원국 화해와 사과는 불화를 해결하기 위한 수단이죠. 불화에는 세
가지 유형이 있는데, 유형별로 화해의 방법 또한 달라요. 첫
번째 유형은 어느 한쪽의 잘못이나 과실로 인해서 불화가 생
긴 경우예요. 이럴 때 화해하려면 무조건 잘못한 쪽에서 인
정하고 사과한 후에 상대의 용서를 구하고 화해하는 절차를

강원국 × 김민식 말하기의 태도

밟아야 하죠. 반드시 이 과정을 거쳐야 해요.

김민식 안 그랬다간 또 다른 불화를 불러일으키는 빌미가 될 수 있겠군요.

강원국 두 번째 유형은 오해로 불화가 생긴 경우예요. 시간이 흐르다 보면 그게 다 오해에서 비롯되었다는 걸 누군가가 깨닫게 되겠죠? 그럴 때 먼저 알아차린 쪽이 용기를 내서 손을 내밀어야 해요.

김민식 화해의 책임을 상대에게 떠밀지 않고 앞장서 행동하는 자세는 중요하죠. 그런데 불화를 겪은 직후에는 오해가 있었음을 안다 해도 서로에 대한 미움이나 원망 같은 감정이 생겨난 상태이기에 선뜻 화해하기 어렵지 않을까요?

강원국 맞아요. 반목과 대립이 극에 달할 때는 오히려 거리를 두고 머리를 식히는 시간을 가질 필요가 있죠. 어느 정도 시간이 흘러 격한 감정이 완화됐을 때 화해를 시도하는 게 바람직해요. 제 경우에도 오해로 인해 다른 사람과 갈등을 겪을 때면 조금 시간을 두어 삭였다가 나중에 가서 그때 사실 이러저러한 이유로 오해가 생겼던 것 같다고 솔직하게 이야기하면 화해할 가능성이 컸어요.

김민식 불화의 세 번째 유형은 어떤 건가요?

강원국 세 번째는 이해관계의 상충으로 불화가 생겨난 경우예요. 이때 성공적으로 화해하려면 협상이 이루어져야 해요. 서로 간의 양보와 절충을 통해 둘 모두에게 이득이 되는 타협점을 찾는 게 협상의 핵심이죠. 이 과정에서 중재자를 세우는 것도 방법이 될 수 있어요.

김민식 불화에도 다양한 종류가 있고 그에 따라 화해의 방법이 다르다는 사실을 알아야 올바른 사과를 할 수 있겠네요.

사적인 관계에서 화해하는 법

김민식 저는 일상생활에서 생기는 오해를 풀거나 화해하는 경우가 대부분이라 비교적 간단하게 접근했었어요. 일단 상대방의 입장에 감정을 이입해 보고 상대의 오해를 긍정하죠. "아, 그렇게 생각할 수도 있겠구나"라고 끄덕인 다음에 제 생각을 정리해요. 그러고 나서 내 생각과 관점을 상대에게 솔직히 전달합니다. 네 생각과 내 생각 사이에 이만큼의 격차가 있는데 그 사이를 메울 방법을 함께 고민해 보자고요. 서로 감정이 고조된 상태에서도 이런 태도로 접근하면 대개 상대방도 제 이야기를 들어 주었던 것 같아요.

강원국 김민식다운 솔직한 정공법이네요.

김민식 저도 사과를 잘못해서 곤욕을 치른 경험이 있어요. 잘못을 뉘우치고 고개를 숙이는 것만으로는 충분치 않을 수도 있다는 사실을 그때 깨달았죠. 여러 가지 시행착오를 겪으면서 저 나름대로 올바른 사과법에 대해 고민해 보고 몇 가지 기준을 세웠어요. 사과할 때는 언제나 "죄송합니다"로 시작해서 "고맙습니다"로 끝내려고 해요. 일단 무조건 잘못을 인정하는 게 최우선이죠. 그리고 상대가 원하는 사과의 형식을 물어봐요. "내가 생각하는 사과는 이런 거야. 나는 사과를 했으니까 끝!" 이런 건 진정한 사과가 아니더라고요. 사과하는 절차와 과정에서 주도권을 가진 것은 상대방이라는 사실을 분명히 전달해야 해요. 끝으로는 내 잘못을 지적해 줘서 고맙다는 마음도 표현합니다. "당신 덕분에 앞으로 내가 같은 잘못을 저지르지 않게 되었다. 당신 덕분에 더 나은 사람이 될 기회를 얻었으니 고맙다" 하고 말이죠.

강원국 일종의 재발 방지 약속이군요. 그런데 사적인 관계로 치자면 가장 가까운 가족 사이에서도 정공법이 잘 통하나요?

김민식 가족에게 사과하는 게 제일 어려운 일인 거 같아요. 말하지 않아도 속내를 알아주기를 기대하는 것도 있고 반대로 나의 진심이 가볍게 무시되면 더 상처받을 때도 있거든요. 무엇보다 오랜 시간 서로를 지켜봐 왔기 때문이면 기대해도 소용없다고 여기고 더는 노력하지 않는 경우가 많지요. 그런데도 가장 비논리적인 게 가족인 거 같아요. 긴 세월 절대로 화해할 수 없다고 생각하지만 어떤 계기를 통해 순식간에 마음의 벽이 허물어지기도 하니까요.

강원국 그 말씀을 들으니 아내가 떠오르네요. 아내는 장인어른에 대한 원망이 커요. 어릴 적 아버지와 어머니의 불화 속에서 자라며 상처받았거든요. 그랬던 장인어른이 치매 진단을 받고 얼마 후 병원에서 곧 돌아가신다는 연락이 왔어요. 마음의 준비를 하라는 얘기를 들은 아내가 처음으로 장인어른에게 고생 많았다고 고맙다고 하더라고요. 아내 입에서 그런 말이 나오리라고는 생각도 못 했어요. 아마도 마지막이라고 생각해서 그런 거겠죠?

김민식 저는 그 마음을 알 것 같기도 해요. 자기 마음속에 있는 큰 짐을 어떻게든 내려놓고 싶은 게 아닐까요. 저도 어릴 적 아버지한테 심하게 학대당했지만 커서는 아버지 모시고 여행도 다니고 그랬어요. 내내 원망만 하며 살다가는 나중에 아버지 돌아가시고 나서도 평생 그 기억을 안고 살아가야 할 테니까요. 마지막에라도 고맙다고 말하고 화해하고 보내 드리면 제 인생의 남은 30~40년이 한결 가벼워질 거로 생각해요. 주위 사람들에게도 그렇게 얘기하곤 하죠. 평생을 원망하며 살아왔어도 끝에 가서는 반드시 화해하라고요. 남겨진 '나'를 위해서.

강원국 × 김민식 말하기의 태도

경위서 쓰는 법

김민식 사적인 관계가 아니라 회사나 조직에서 경위서를 쓰는 일도 사과에 해당하겠지요?

강원국 때에 따라 다르겠지만 노무현 대통령이 경위서와 관련해 가장 중요하게 생각했던 부분은 본인이 어떤 잘못을 했나 제대로 알고 쓰는 거였어요. 모르는 채로 어영부영 사과했다가는 같은 잘못을 다시 저지르게 될 테니까요. 내가 왜 이런 잘못을 하게 되었고 남들에게 어떤 피해를 줬는지 철저히 규명해서 빠짐없이 경위서에 쓰도록 하셨어요. 거두절미하고 잘못했다고만 하면 본인이 뭘 잘못했는지 정확히 아느냐고 되물으셨죠.

김민식 구체적으로 경위서에 어떤 요소가 들어가야 하나요?

강원국 어느 해인가 삼일절 기념사 연설문 원고를 작성해 올렸는데 노 대통령이 요청한 내용이 빠져 있었던 거예요. 맨 처음 대통령이 대변인에게 어떤 주문을 전달했는데, 그게 다소 민감한 내용이라 대변인이 제게 전할 때 수위 조절을 한 거죠. 대통령 연설문에서 한일 관계를 언급할 때면 민감하게 다루어야 할 부분이 있어요. 특히 김대중 대통령의 경우에는 일본에 대한 비판적인 발언을 공개적으로 한 적이 없거든요. 오히려 더 친근하게 대하면서 한편으로 할 말은 다 하셨죠.

김민식 그렇게 해서 사과도 받아 내고 일본 문화 개방도 하셨군요.

강원국 맞아요. 그래서 김대중 대통령을 모셨을 때의 경험을 토대로 삼일절 연설문을 쓰면서 저도 수위 조절을 했던 거죠. 그러는 과정에서 노 대통령의 주문이 연설문에 제대로 반영되지 않은 거예요. 노 대통령은 크게 화를 냈어요. 조목조목 따지면서 이것도 빠졌고 저것도 빠졌고 하다가 민정수석실에서 조사받으며 경위서를 쓰게 됐죠.

김민식 정말 심각한 상황이었네요. 경위서에 뭐라고 쓰셨나요?

강원국 노 대통령 곁에서 일하며 제가 파악하기로 이분은 원인과 이유가 분명한 것을 선호하세요. "원인이 무엇이든 간에 전적으로 제 불찰입니다." 이런 말을 무엇보다 싫어하셨죠. 그래서 경위서를 쓸 때 정확히 누구한테 어떤 자료를 전달받고 어떤 내용을 연설문에 넣어야 하는지 들은 대로 상세하게 기술하고, 전임 대통령을 모시면서 한일 관계에 대한 연설문 작성과 관련해 이러이러한 선입견을 품게 되었다고 썼어요. 대외적인 연설에서 대통령이 특정한 표현을 사용해서는 안 되리라고 지레짐작했던 것이 제 판단 실수였다고 솔직히 털어놓았죠.

김민식 아니, 그래서 어떻게 되었나요?

강원국 작은 반전이 있었죠. 경위서를 읽은 대통령께서 의사소통 과정에 문제가 있었다고 판단하고 다음 인사에서 저를 비서관

강원국 × 김민식 말하기의 태도

으로 승진시켜 주셨습니다. 비서관과는 중간 단계를 거치지 않고 직접 소통할 수 있으니까요.

김민식 잘 쓴 경위서가 일구어 낸 아름다운 반전이네요. 강원국 작가님 이야기를 듣다가 문득 생각났는데, 저는 경위서와 관련해 그와는 반대되는 경험을 한 적이 있어요. 2017년에 제가 페이스북 라이브로 "김장겸은 물러나라!"라고 외친 일이 화제가 된 적이 있거든요. 근데 사실 무슨 대단한 시위를 하려 했던 건 아니고, 그냥 가슴이 답답해서 화장실에 갈 때마다 미친놈처럼 소리를 질렀던 거였어요.

강원국 기억납니다. 구호가 특이했어요. 운동 좀 했다는 사람들이 외치던 구호랑은 리듬감이 남달라서 더 인상적이었죠.

김민식 그렇게 떠들던 게 걸려서 불려가니 인사위원회를 소집해 징계하겠다해서 제가 요청했죠. 회사가 인사위원회를 소집해서 나를 해고할 작정인 모양인데, MBC는 공영방송이고 공영방송의 주인은 시청자니까 시청자 앞에서 내가 왜 이런 죄를 지었는지 그 경위를 소상히 밝힐 기회를 달라고 했어요.

강원국 이미 불순한 의도가 느껴집니다만, 인사위원회가 열리긴 했나요?

김민식 어떻게든 징계하려면 소명 절차가 불가피했거든요. 인사위원회가 열린 자리에서 페이스북 라이브를 켜고 제가 준비한 시간 분량의 경위서를 읽있죠. 뉴스는 어떻게 되었고 보도국은 어떻게 되었고 김장겸 사장은 무슨 짓을 했는지 장장한 시간 동안 쭉 읊어 내려가는데, 그걸 듣고 있어야 하는 위원회 사람들도 속이 터지는 거죠. 경위서를 써 온다더니 자기네가 뭘 잘못했는지를 나열하고 있으니까요.

강원국 중간에 제지받지 않았나요?

김민식 그냥 모두 방을 나가더라고요. 나가는 분들을 붙잡고 그랬어요. 나의 소명을 끝까지 듣지 않고 나가면 이번 징계는 무효다. 그러니 제 얘기 좀 들어 보시라고.

강원국 경위서를 투쟁의 도구로 삼다니, 누가 생각이나 했겠어요. 대단한 용기예요.

김민식 그때 처음 깨달았던 것 같아요. 경위서를 어떻게 쓸 것인가도 중요하지만 그것을 읽고 판단하는 주체가 누구인지 또한 중요하다고요.

강원국 어쩌면 사과하는 것보다 사과하지 않는 것 자체가 강력한 메시지를 주거든요.

공적인 사과를 할 때 지켜야 할 것들

강원국 과거에 노무현 대통령은 정말 사과를 많이 했거든요. 대통령 탄핵 때와 같이 사과하지 않으면 자신이 피해를 봐야 하는 경우를 제외하고, 자기 잘못으로 누군가 피해를 보거나 손해를 입으면 반드시 사과하셨죠.

김민식 대통령의 사과는 저와 같은 개인의 사과와는 층위가 다를 거 같아요. 제대로 사과하지 않는 사람을 보면 상처받죠. 이태 원 참사를 겪으며 정부가 취한 사과의 방식은 유가족도 국민 도 원하는 방식이 아니었어요. 세월호 사건 때 박근혜 정부 의 유체 이탈 화법 사과는 많은 이들에게 더 큰 상처를 주었 고요. 물론 일본 정부처럼 조선인 강제징용이나 위안부 문제 에 대해 아예 사과하지 않고 되레 적반하장의 태도를 보이는 경우가 최악이겠죠.

강원국 이태원 참사에 대해서 현 정부는 아직 제대로 사과한 적이 없어요. 책임자도 처벌받지 않았고요. 아무것도 잘못한 게 없 다는 듯한 태도죠.

김민식 공적 관계에서 제대로 사과하는 법을 모르는 거 같아요.

강원국 사과할 때는 일곱 가지를 명심해야 해요. 첫 번째, 내가 무엇 을 잘못했는지를 분명하게 고백해야 합니다. 두 번째, 단서를 달지 말고 전폭적으로 뒤집어써야 합니다. 어떤 전제 조건을 단다거나 상대방과 잘못을 나눠지려고 해서는 안 돼요. 대개 한쪽이 전적으로 잘못하고 다른 쪽은 전혀 잘못이 없기란 힘 들어요. 100 대 0인 경우는 드물죠. 상황이 그렇다 보니 잘못 을 인정하고 사과를 하려고 해도 마음 한편으로 억울한 생각 이 들게 마련이에요. 사실 나는 80만큼 잘못했는데 혼자서만 잘못을 인정하면 20만큼 억울하지 않겠어요? 그래서 자꾸 단서 조항 같은 걸 달게 되는 거예요.

김민식 "내가 잘못했어. 그런데…" 하는 식으로 말이죠?

강원국 맞아요. 하지만 그런 말을 덧붙이는 건 대부분은 역효과를 일으키죠. 사과할 때 명심해야 할 점 세 번째는 진심으로 사과해야 한다는 거예요. 앞서 말했듯이 사과하라니까 사과하는 건지, 사과하는 시늉만 하는 건지 사람들은 금세 파악합니다. 이건 노무현 대통령이 하신 말씀인데요. 사과하겠다고 마음을 먹으면 자기 가슴에 손을 얹고 진심으로 잘못했다고 생각하는지 곱씹어 봐야 한다는 거예요. 앞서 말했듯이 2004년에 야당이 대통령 탄핵소추안을 발의하기 전에 사과하면 용서해 주겠다고 했어요. 잘못했다는 말 한마디만 하라는 거였죠. 그런데 노 대통령은 못 하겠다고 했어요. 아무리 가슴에 손을 얹고 생각해 봐도 잘못한 게 없으니 잘못을 인정할 수 없다는 거였죠. 그래서 사과를 안 했는데 결국 탄핵안이 가결되고 헌재에서 기각될 때까지 2개월 동안 어려움을 겪었어요.

김민식 어려운 시기를 보내셨지만, 그때 상황을 모면하려고 사과하는 척하지 않았던 노 대통령의 진심을 국민은 알고 있었지요.

강원국 네 번째, 나로 인해서 누가 피해를 보거나 손해를 보거나 상처를 입었다면 그 사람의 심정에 공감하고 이를 말로 표현

강원국 × 김민식 말하기의 태도

해야 합니다. 다섯 번째, 반성한다는 말과 함께 재발 방지 약속을 지켜야 합니다. 사과하고 또 잘못을 저지르면 무슨 소용이겠어요. 사과하고 잘못하고 또 사과하기를 거듭하는 것은 중간에 반성 과정이 누락되어 있다는 뜻이죠. 미안하다고 아무리 말해봐야 그건 사과가 아닙니다. 사과의 완성은 재발 방지 약속을 지키는 거니까요. 여섯 번째는 자기가 할 수 있는 선에서 보상이나 피해 복구, 상처 치유에 적극적으로 나서야 한다는 겁니다. 끝으로 일곱 번째, 실기失期하면 안 됩니다. 미루고 미루다 마지못해 하는 사과는 하고도 용서받기 어려워요. 때를 놓치지 않으려면 정확한 상황 판단과 용기가 필요하죠.

김민식 때를 놓치지 않는 게 참 중요한데 앞서 사과의 완성이 재발 방지 약속을 지키는 것과 부딪치는 면이 있어요. 진짜로 반성하고 똑같은 실수를 반복하지 않으려면 성찰의 시간이 필요하잖아요. 그 시간이 생각보다 길 수도 있어서요.

강원국 이 모든 걸 한꺼번에 다 지키는 건 정말 어려운 게 맞아요. 그래서 우선순위를 정해야 하죠. PD님이 선 사과 후 성찰의 과정을 거쳤다고 해도 결국 같은 실수를 반복하지 않기 위해 노력했으니 적절했다고 생각해요.

진심으로 누군가를 위로한다는 것

절대로 하지 말아야 할 말

강원국 저는 누군가를 위로할 때 절대 하지 말아야 할 말이 세 가지 있다고 생각해요. 첫 번째는 "그나마 다행이다"라는 말. 여기에는 "그런 처지가 된 게 내가 아니라 다행이다"라는 뉘앙스가 담겨 있어요. 조금이라도 그와 같은 생각이 묻어 있는 위로는 누구든 알아채기 마련이죠. 눈빛만 봐도 알 수 있어요. 두 번째로 해서는 안 될 것은 동정하는 말이에요. 동정에서 비롯된 위로는 상대방을 위로한다기보다 나 자신의 선한 감정을 표현하는 거라고 생각해요. 오히려 동정은 당사자에게 상처를 줍니다. 세 번째는 충고하는 말입니다. 예를 들어 아들이 시험에 떨어져 속상해하는 엄마에게 누군가가 얼마나 상심이 크냐면서 "공부 열심히 해서 내년에 붙으면 되죠"라고 말한다고 가정해 보세요. 공부 안 해서 떨어진 거니 공부 열심히 하라는 충고지요.

강원국 × 김민식 말하기의 태도

김민식 아닙니다, 작가님. 남들이 더 열심히 한 거죠. 그 아들도 열심히 했지만 다른 사람들이 더 열심히 공부했던 게 아닐까요?

강원국 설령 그렇다고 해도 공부를 열심히 하면 시험에 붙을 수 있다고 말하는 건 위로가 아니라 충고라고 봐요. 공부를 열심히 하도록 내가 도와줄 수 있는 것도 아닌데 말이죠. 그럴 때는 말없이 들어 주는 쪽이 더 위로됩니다.

김민식 강원국 작가님이 말씀하신 위로할 때 하지 말아야 할 말 세 가지에 덧붙이고 싶은 게 있어요. 상대방의 고난이나 시련을 교제나 관계 발전의 기회로 여기면 곤란하다는 겁니다. 사람들은 외로운 사람을 잘 알아봐요. "저 사람이 이제 외로워졌으니까 지금 손 내밀면 나랑 만나 주겠지" "아무도 재랑 안 놀아 주니까 내가 친구가 돼 주면 좋아하겠지" 싶은 거죠.

강원국 이때다 하고 갖은 조언을 싸 들고 찾아오기도 하죠.

김민식 한겨레 칼럼 사태 이후 친한 후배가 찾아왔어요. 그날 아침 신문에서 제가 쓴 칼럼을 보고 아차 싶었대요. 그래서 얼른 연락해서 글 내리라고 한다는 걸 깜박했는데 이 사달이 났다며 "전화할걸 그랬어요" 하더라고요. 그때 속으로 생각했어요. '아, 너는 그게 보였구나. 나는 진짜로 안 보였다. 그런 낌새를 조금이라도 알아챘더라면 그 글을 쓰지도, 공개하지도 않았을 거야'. 후배가 한 말이 제게 위로가 되었다기보다는 오히려 어려운 처지에 놓인 사람에게 들려주는 조언처럼 여겨졌어요.

그 사람의 편이 되어 준다는 것

강원국 그럴 때는 그냥 한편이 되어 주는 게 좋은 위로인 것 같아요.

김민식 강원국 작가님이 하신 말씀이 큰 위로가 되었어요. "나는 신문 볼 때 별문제 없다고 느꼈는데." 이미 사달이 난 걸 알고 있었으면서도 작가님은 그렇게 말씀하셨죠. 저 또한 글을 쓸 당시에는 무슨 문제가 내재해 있는지 몰랐거든요. 그런 제 상황과 마음을 다 읽고 하신 말씀인 것 같다는 생각이 들었습니다.

강원국 적극적으로 나서서 김민식 PD님 편이 되어 싸워 줄 사람은 없었나요?

김민식 그러기에는 경우가 달랐던 것 같아요. 지인들은 위로가 필요하다고 생각했을지 몰라도, 사실 저는 제가 잘못해서 그리된 거였으니까요. 그럴 때는 차라리 얻어맞는 편이 낫습니다. 혼자 견디는 시간도 필요하고요.

강원국 아마도 많은 사람이 내가 아니라 다행이다 싶었을 거예요. 그런 일을 겪게 되면 주변 사람들이 자신에 대해 어떤 태도를 보이는지 살펴볼 기회를 얻게 되죠.

김민식 생각해 보니 누군가를 위로하는 입장에 있었던 적이 많았더

강원국 × 김민식 말하기의 태도

라고요. 막상 제가 당사자 입장이 되어 보니 진심으로 위로한다는 게 참 어렵다는 걸 깨달았어요. 얼마간의 상처를 받기도 했지만, 결과적으로 저는 더 나아졌어요. 지금은 예전보다 훨씬 편안한 마음 상태를 유지하고 있죠. 과거에는 제가 노력함으로써 더 좋은 세상을 만들 수 있지 않을까 하는 일종의 공명심이 있었어요. 지금은 그렇지 않아요. 어떻게 하면 내 몸에 더 도움이 될까, 내가 행복해지려면 어떻게 해야 할까, 내 시간을 어떻게 잘 활용할 수 있을까 하는 것들만 생각해요. 세상에는 많은 사람이 있고 저마다 품고 있는 좋은 세상의 기준이 달라서 내가 생각하는 좋은 세상으로 가는 길이 모두에게 옳은 방향인 것은 아니더라고요.

강원국 가끔 그런 생각을 해 봐요. 내가 난처한 입장에 처하거나 곤경에 빠졌을 때 주변 사람들이 그와 관련해 여러 가지 방식으로 본성을 드러내지 않겠어요? 위로나 도움을 주려는 사람도 있고 이를 기회로 삼아 짓밟으려 드는 사람도 있겠죠. 그런 상황에서 과연 나의 아군은 얼마나 될까. 그런 생각을 하다 보면 잘 살아야겠다 싶어요.

김민식 정확히 그런 일이 제게 일어났어요. 칼럼 사태 이후로 사람들을 만날 때마다 상처를 받았거든요. 이 사람은 나를 불쌍하게 보는 걸까, 정말 위로하려는 건가 아니면 고소해하는 건가. 다양한 사람들의 스펙트럼을 볼 수 있었는데, 어느 쪽도 저한테는 긍정적인 자극이 되지 않더라고요. 그래서 섣불리 사람을 만나기보다 혼자 조용히 삭이는 시간이 필요하다고 느꼈어요. 그 일을 겪은 후로는 누군가에게 위로차 연락하기에 앞서 그 사람에게 나의 위로가 필요할지 혼자 있는 시간이 더 중요할지를 곰곰이 생각해 봅니다. 당사자는 그냥 놔뒀으면 하는데 위로한답시고 찾아가서 더 힘들게 만들 때도 있거든요. 제 경우를 돌이켜보면 정말 힘들 때는 혼자 있는 편이 더 낫더라고요.

강원국 어떤 마음이었을지 짐작이 가요. 그런데 왜 내 편인 게 확실한 사람조차 만나지 않았던 건가요?

김민식 그건 위로가 아니라 반성의 문제인데요. 완전히 내 편이라고 확신할 수 있는 사람을 만나는 일이 제 잘못을 반성하는 데 도움이 안 되더라고요. 강원국 작가님 말씀이 위로가 된 건 그 일이 있고 나서 2년간 제 나름대로 성찰의 시간을 지나온 후라서 편안하게 받아들일 수 있었기 때문인 것 같아요. 하지만 당시에 제 편을 들어 주는 사람들의 이야기에 귀 기울였다면 오히려 마음속으로 '그래 이 사람 말대로 난 잘못한 게 없어. 잘못을 지적한 사람들이 이상한 거야' 같은 생각이 떠올랐을 수도 있겠죠. 만약 그랬더라면 저는 수렁에서 빠져나오지 못했을 거예요. 위로보다 더 중요한 건 철저한 자기 반성이에요.

강원국 그럼 완전한 내 편들이 서운해하지 않던가요?

김민식 완전한 내 편은 사실 운명공동체잖아요. 한배를 탔으니 둘 다 잘돼야죠. 오랜 시간 지켜본 사람들은 알더라고요. 제가 아주 외로워져야 한다고 느꼈을 때 그 뜻을 누구보다 잘 이해하고 묵묵히 기다려 줘요. 성찰의 시간에 완전한 내 편을 만나면 안 된다는 나의 각오를 구구절절 설명하지 않아도 알 아주거든요. 어쩌면 그 사람들이야말로 이런 상황에서 뭘 하라 하지 않고 자신들이 뭘 해 주면 좋을지 물어봤던 게 아닐까 싶어요. 저는 아무것도 하지 말아 달라고 대답했던 거고요. 말로 표현하지 않았지만, 그 말 없는 말을 들어 주었다는 게 큰 위로가 되었지요. 정말 고마운 분들입니다.

감사와 칭찬의 기술

3류라는 소리 안 듣는 2류의 행복

강원국　'감사'는 최근 우리 사회의 중요한 화두 가운데 하나입니다. 무엇보다 중요한 건 감사하는 삶을 사는 거예요. 그러기 위해서는 두 가지 측면을 고려해야 하죠. 하나는 모든 일에 대해서 이 정도면 다행이라고 생각하는 거고, 또 하나는 모든 사람에게는 장점이 있으니 그것을 발견함으로써 감사하는 마음을 품는 거예요. 다시 말해 매사를 긍정적으로 바라보고 만인을 인정하는 태도를 보이는 거죠.

김민식　긍정과 인정이야말로 감사의 기본이라는 이야기군요.

강원국　그렇죠. 어느 그룹에 있을 무렵 회장님이 저한테 "너는 감사할 줄 모르는 게 문제다"라고 하셨어요. 이명박 정부가 들어서면서 폐족 신세가 된 저를 거둬 줬는데 고마워할 줄 모른다고 대놓고 말씀하셨죠. 그 당시 제가 교만했던 건 사실입니다. 겸손하지 않았고 감사할 줄 몰랐죠. 그런데 그거 아세

　　　　　　　　　　　　　　　　　강원국 × 김민식 **말하기의 태도**

요? 감사할 줄 모르는 삶은 영 행복하지 않더라고요. 고마움을 느끼지 못하는 사람은 스스로 조금씩 불행해집니다.

김민식　지금은 어떻게 바뀌었나요?

강원국　남 탓보다는 내 탓을 하려고 해요. 흔히들 하는 말이지만 '때문에'보다는 '덕분에'라고 말하고, 최선을 지향하기보다는 최악이 아닌 데 감사함을 느끼려 하죠. 과한 욕망에 사로잡히기보다는 기본적인 욕구를 충족할 수 있는 데 감사하죠. 이게 다 오십에 위암 선고받고 나서 바뀐 거예요. 암 진단을 받은 후 지나온 세월을 돌이켜 보니 그동안 내가 지닌 역량과 들인 노력에 비해 과분한 대우를 받았더라고요. 분에 넘치는 대접을 받아 온 거예요. 잃은 것보다 얻은 게 많은 삶을 살았죠. 내 인생에 줄곧 손해보다 이익이 많았다는 걸 그제야 깨닫고 감사함을 느꼈어요.

김민식　그런 상황에서 긍정적인 방향으로만 생각할 수 있었을까요? 아, 오진이었다는 걸 알고 어떠셨어요?

강원국　다시 삶을 선물 받은 느낌이랄까. 모든 것을 내려놓고 바닥에서부터 다시 시작하는 셈이니 쭉 올라갈 일만 남아 있었죠. 이전과는 달리 다시 오를 때는 매번 감사하게 되더라고요. 그때 마음먹었어요. 앞으로도 쭉 1류를 지향하기보다 2류에 자족하며 살자. 3류가 아닌 게 얼마나 다행이에요. 최악만 면하자고 생각하니 내가 질 수도 있고 손해 볼 수도 있고 틀릴 수도 있다는 것을 비로소 받아들이게 되었어요. 언제나 내 생각이 옳은 것도 아니고, 늘 이익만 보는 사람은 없으니 손해도 감수해야 하고, 임자를 만나면 지는 게 당연하다는 사실을 인정하고 나니 욕심, 시기심, 열등감에서 어느 정도 벗어날 수 있었던 것 같아요.

김민식 2류로 살아도 충분하다고 생각하는 사람이 1류가 되면 얼마나 행복하겠어요? 반대로 1류가 되겠다고 아득바득 살았는데 2류에 머무르면 어떤 위로의 말로도 달랠 수 없을 만큼 불행하지 않을까요. 그런 점에서 볼 때 강원국 작가님은 옳은 방향으로 행복에 접근하신 것 같아요. 2류로 살아도 1류가 되어도 행복할 수 있는 사람. 결국 1류가 된 행복한 2류랄까요.

강원국 3류라는 소리 안 듣는 2류가 딱 좋아요. 늘 1류가 될 여지가 있잖아요. 떨어질지 모른다는 불안보다 올라갈 수 있다는 희망이 더 소중하죠.

김민식 감사할 줄 모르고 살다가 매사를 긍정하고 만인을 인정하며 감사하는 삶을 살게 되면 어떤 점이 달라지나요?

강원국 세상에 당연한 건 없다고 생각하니까 모든 것에서 의미를 찾게 되더군요. 오늘 하루를 이렇게 건강히 보내는 것 또한 감사한 일이죠. 더 나아가 실수하건 실패하건 크고 작은 고난을 겪을 때조차 어떤 의미를 찾을 수 있을 거라고 여기게 되었어요. 저는 무슨 일에도 다 그렇게 된 뜻이 있다고 생각해요. 지금 당장 못 찾았을 뿐이지 결국에는 찾게 되리라고 말이죠.

김민식 매사를 긍정하다 보면 자기 자신을 대하는 태도도 바뀌잖아요.

강원국 예전에는 늘 남보다 나은 사람이 되려고 했거든요. 하지만 요즘은 남과 다르게, 나답게 살려고 해요. 그러니까 우선 나부터 나를 아끼고 사랑해 줘야지 싶더라고요. 이제 자학은 그만하고 날 좀 칭찬해 주자. 정말로 감사할 줄 아는 사람은 칭찬도 잘해요. 남의 장점을 잘 알아보니까요.

칭찬을 잘하는 법

김민식 칭찬을 잘하는 건 정말 중요해요. 간혹 보면 아랫사람이나 후배가 한 일을 칭찬할 때 두루뭉술하게 얼버무리는 사람들이 있거든요. 그런 태도는 바람직하지 않다고 봐요. 저는 누구를 칭찬할 때 정확하게 어떤 점을 잘했는지 말해 주려고 해요. 칭찬은 그 사람이 좋아하는 사람들 앞에서 하면 더 효과적이니까, 동료나 후배 앞에서 빛날 수 있게끔 대놓고 칭찬하죠. 감사를 표현할 때도 마찬가지예요. 어떤 점에서 도움이 되었고 무엇이 고마운지 얼버무리지 않고 정확하게 묘사

대담 마음을 사로잡는 대화의 기술　　**283**

하려고 노력해요.

강원국 제 경우에는 직접 말하지 않고 한 단계를 거쳐 칭찬이나 감사를 표현하면 더 효과가 있는 것 같아요. 다른 누군가를 만났을 때 "나 그 사람이 참 고마웠어" "그 친구 덕분에 큰 도움을 받았어" 하는 식으로 말하면 반드시 그 얘기가 당사자에게까지 전해지더라고요. 자기가 없는 자리에서 그런 이야기가 오간 게 받는 사람으로서는 직접 듣는 감사의 말보다 더 기분 좋을 수도 있죠.

김민식 남을 통해 칭찬이 전달되는 게 효과적인 건 분명하지만 직접적으로 고마움을 표현할 필요도 있어요. 도중에 배달 사고가 날 수도 있거든요. 그럼 저 사람은 왜 남의 신세를 지고도 고맙다는 말 한마디 없나 싶지 않겠어요?

강원국 아, 그럴 수도 있겠네요. 그렇게 오해가 생기면 오해를 풀고 사과를 한 다음 다시 감사를 표해야겠죠.

김민식 그래서 감사해야 할 사람에게 메시지가 제대로 전달되었는지 꼭 확인해요.

강원국 김민식 PD님은 가족들로부터 고맙다는 말을 들어 본 적이 있나요?

김민식 애들이 가끔 편지를 써 줘요. 그 가운데 몇 통은 사무실 책상 앞에다 붙여 놨는데 밤샘하거나 힘들 때마다 편지를 보며 위로받곤 했죠. 동료들이 지나가면서 딸들이 저런 편지도 써 주고 참 좋겠다 그래요. 딸들이라 더 곰살궂은가 싶기도 하고요.

강원국 기본적으로 아빠가 워낙 사랑 표현을 많이 하니까 아이들도 자연스럽게 자기감정을 표현할 줄 아는 거겠죠. 우리 애는 저를 닮아서 그런 감정 표현을 잘 안 해요. 물론 우리 아들이나 아내나 늘 서로의 존재에 고마워할 거로 생각해요. 저 또한 가족에게 깊이 감사하고요.

김민식 마음속에 품고 계신 고마움을 반드시 표현해 보세요. 부모 자식이나 형제자매처럼 가까운 사이일수록 감사나 고마움을 표현하는 데 오히려 인색하잖아요. 거기에 익숙해지다가 미처 전하지 못한 마음이 앙금처럼 남아 두고두고 가슴에 사무칠 수도 있거든요. 표현은 정말 중요합니다. 행복해서 웃는 게 아니라 웃어서 행복하다는 말이 있잖아요. 사랑이나 고마움과 같은 표현도 그래요. 진짜 감사할 만큼의 상황이 아니더라도 감사하다, 사랑한다는 표현을 자주 할수록 정말 그런 삶을 살게 되거든요.

배려에서 나오는 유머의 힘

강원국 유머는 대화의 윤활유 역할을 해서 분위기를 바꾸죠. 사람들을 웃게 만들면 내 인상도 바뀝니다. 나에 대해 갖고 있던 선입견이나 고정관념이 깨지거든요. 그런 경험이 쌓여 나감에 따라 내 삶도 바뀌게 마련이죠. 김대중, 노무현 대통령을 모시며 유머 감각이 얼마나 중요한지 크게 느꼈어요.

김민식 두 분 다 우스갯소리를 잘하셨나요?

강원국 잘하는 정도가 아니라 진짜 고수였어요. 김대중 대통령은 절박한 상황을 이야기하며 유머를 구사할 줄 아셨죠. 사형선고를 받을 당시 재판장의 입만 봤대요. "사형"이라고 말하면 입술이 옆으로 벌어지고 "무기징역"이라고 말하면 입술이 앞으로 나오잖아요. 입술이 나오길 간절히 바랐는데 옆으로 벌어지더라고. 그 절박한 상황을 유머러스하게 묘사하셨어요. 또 한번은 김대중 대통령이 사형선고를 받고 집행을 기다리는데 이휘호 여사가 면회를 왔대요. 여사가 살리든 죽이든 하나님 뜻대로 하시라고 기도하고 있다고 말하니까, 김 대통령이 대뜸 하나님한테 맡겨 뒀다가 죽으라고 하면 어떻게 하냐면서 조금이라도 살려 달라고 간절하게 기도해 달라고 하셨대요.

김민식 그 상황을 의연하게 받아들이셨을 것 같은데 정말 살고 싶으셨나 봐요. 재미있으면서도 애잔한 게 인간적이라는 느낌이 들어요. 남다른 삶을 살았으니 나와는 다른 사람일 거로 생각했던 고정관념이 한 번에 깨지네요.

강원국 노무현 대통령도 그런 면에서 탁월한 분이었어요. 한번은 풍기 인삼공장을 시찰할 때 거기서 일하는 사원이 "풍기 홍삼정과는 남성 정력에 최고입니다"라고 말하니까 노 대통령이 "아내한테는 그런 소리 마세요. 이것만 먹으라고 갖다주면 어떡해요" 하고 대꾸했어요. 안 그럴 것 같은 사람이 체면을 따지지 않고 던진 말 한마디가 큰 웃음을 낳음으로써 그 자리 분위기를 확 바꿔 놓았죠.

김민식 제가 기억하기에도 노무현 대통령은 남다른 유머 감각을 지닌 분이었어요. 말 한마디로 대중을 사로잡는 게, 사람들이 어떤 지점에서 공감하는지 포인트를 잘 알았던 거 같아요. 사람들은 일단 공감대를 형성하면 경직된 마음을 쉽게 풀잖아요.

강원국 그렇죠. 노 대통령에게 유머는 듣는 사람을 배려하는 수단의 하나였어요. 사람들이 여럿 모인 자리에서는 꼭 우스갯소리로 말문을 엽니다. 해외 순방길에 나설 때면 "우리나라는 대통령과 태풍 이 두 가지가 문제인데, 이제 대통령은 나가니까 태풍만 안 오면 괜찮을 것"이라고 말씀하셨어요. 원광대에서 명예박사 학위를 받는 자리에서는 "오늘 기분이 무척 좋은데 딱 하나 걱정되는 게 있어요. 학위 수여장을 보니까 '명박'이라고 써놨던데 '노명박'이 되는 건가 싶어서요" 하고 말씀하셨죠. 듣는 사람을 한 번이라도 웃게 만들고, 그럼으로써 긴장된 분위기를 해소해 긴장을 풀어주며 사람들의 마음을 편안하게 한 다음 중요한 얘기나 진짜 하고 싶은 말을 꺼내셨어요.

김민식 유머를 효과적으로 활용하는 센스가 정말 어려운 건데요. 아르헨티나 부에노스아이레스대학에서 명예교수 위촉장을 받았을 때 "교수가 됐는데 위촉장을 읽을 수 없어서 큰일이에요. 위촉장을 읽을 수 있도록 처음부터 다시 공부해야겠어요" 하셨던 일화도 기억납니다.

강원국 사실 우리 같은 사람들은 잡담이나 농담만 잘해도 된다고 생각해요. 사람마다 주특기가 있잖아요. 넉살스럽게 유머를 구사하는 사람이 있고 위트나 재치 있게 받아치는 걸 잘하는 사람이 있는가 하면 말장난을 잘하는 사람도 있죠. 해학이나

강원국 × 김민식 말하기의 태도

풍자, 코미디, 슬랩스틱에까지 두루 능한 사람도 있는데, 사람들에게 웃음을 주는 데는 이처럼 다양한 방법이 있으니까 자기가 잘할 수 있는 걸 골라 하면 돼요. 김민식 PD님도 웃기는 데 소질이 있다는 얘기 좀 들으셨죠?

내가 웃기는 것보다 상대를 웃기는 사람으로 만드는 게 쉽다

김민식 저는 첫 직장에서 영업사원으로 일했는데, 영업하면서 유머 감각이 있는 사람이 되어야겠다고 생각했어요. 낯선 병원에 들어가서 원장님이랑 얘기할 시간을 조금이라도 더 벌려면 저랑 함께 있는 시간을 상대가 즐거워해야 하잖아요. 그때가 1990년대였는데 《대통령의 유머》《최불암 시리즈》 같은 유머 모음집이 베스트셀러가 되고 그랬어요. 그런 책들도 보고 TV에서 방영하는 코미디 프로그램도 보고 하면서 재미난 에피소드를 기억했다가 사람들이 모인 자리에서 풀어놓곤 했어요. 내가 이제부터 재밌는 얘기를 할 테니까 들어 보라고 하면 "별론데" "아는 얘기야" 이런 반응이 나오더라고요. 웃기는 사람이 되는 건 정말 어려운 일이에요.

강원국 흥미로운 에피소드가 있어야 하고 그걸 표현할 때 연기도 곁들이고 MSG도 쳐야 하죠. 그 모든 준비를 하기가 절대 쉽지 않아요.

김민식   그렇게 고군분투하던 어느 날 깨달았어요. 아, 내가 웃기는 사람이 되기는 어렵지만, 상대를 웃기는 사람으로 만들어 주는 건 쉽구나. 상대방이 하는 말을 가만 듣고 있다가 웃어야 할 포인트가 나왔을 때 팍 웃음을 터뜨리기만 하면 되거든요. 사람들이 생각보다 잘 웃지 못해요. 개그맨들끼리 모여 있어도 웃음이 잘 안 터지는 건 남이 아무리 웃기는 얘기를 해도 머릿속으로 내가 어떤 얘기를 할지 생각하다가 상대에게 집중을 못 해서 포인트를 놓치기 때문이죠. 사실 어떤 이야기에도 웃기는 포인트가 있게 마련이거든요.

강원국   설령 그 사람이 웃기려고 한 얘기가 아니더라도 웃음 포인트를 찾아내서 짚어 주면 웃음이 터질 때가 있죠.

김민식   맞아요. 저는 다른 사람들에게 우스갯소리를 하는 것보다 이야기를 경청하다가 포인트를 찾아내서 상대방을 웃기는 사람으로 만들어 주는 일에 훨씬 재능이 있더라고요. 그러면 저에 대한 상대방의 호감도 또한 올라가고 더 빨리 친밀감이 형성돼요.

자기 비하와 자화자찬의 유머 코드

김민식   강원국 작가님 이야기를 듣다 보면 작가님만의 유머 코드를 감지할 수 있어요. 자기 비하로 사람들 마음의 빗장을 벗기고 자기 자랑으로 허를 찌르는 방식이랄까요?

강원국 제대로 알아보셨어요. 사실 저는 모든 유머가 자신을 디스하는 자기 비하나 자기를 마구 띄우는 자화자찬에서 나온다고 생각해요. 사람들은 괜히 엄살을 부리면서 자기 비하를 하는 사람을 보면 은근히 마음의 위로를 받거나 반대로 저 약한 존재를 도와주고픈 마음이 들죠. 우리가 어린 아기를 보고 싫어할 수 없는 것처럼 엄살을 떠는 사람을 보면 웃음이 나와요. 웃어 줘야 할 것만 같죠. 마찬가지로 허세나 허풍도 듣는 이의 웃음을 유발할 때가 있습니다. 이런 자기 비하와 자화자찬을 아주 잘 써먹은 사람이 노무현 대통령이에요. 원광대에서 '노명박'이 되는 게 아닌가 걱정이라고 한 다음에는 "조금 자화자찬 같지만, 이명박 씨가 '노명박'만큼만 하면 괜찮아요"라고 덧붙였죠. 당시는 이명박 후보가 참여정부 실패론을 내세우며 대권 행보하고 있을 무렵이었거든요.

김민식 자화자찬으로 웃음을 유발하면서 자기가 전하려는 메시지까지 담아냈군요.

강원국 노무현 대통령이 진짜 고수라고 하는 건 한 가지를 더 갖추었기 때문이에요. 보통 시트콤이나 코미디 프로그램을 보면서 웃음이 나오는 건 "맞아, 맞아!" "나도 저럴 때 저런 생각해" 하면서 공감하기 때문이잖아요. 결국 사람은 허세와 엄살 사이에서 삽니다. 허세를 과상하거나 엄살을 과장하면 그게 유머가 되죠. 저희 아버지는 찾아뵐 때마다 "아이고 죽겠다"라고 하세요. 밥맛도 없고 온몸이 안 아픈 데가 없대요. 그 모습을 보고 있으면 피식 웃음이 나요. 한편 장인어른은 정반대예요. 한번은 워셔액을 음료수인 줄 알고 마시는 바람에 위세척하고 정신이 혼미한 상태인데도 "괜찮아. 아무 문제 없으니 걱정하지 마" 하시는 거예요. 정말 위중한 상황이었는데 웃음이 나오더라고요. 엄살이나 허세는 모두 인간이지닌 나약함의 단면이에요. 나 좀 봐 달라고 엄살을 부리거나 난 이렇게 무너질 사람이 아니라는 걸 보여 주려고 허세를 부리는 거죠.

김민식 그런 엄살과 허세를 통해 웃음을 끌어내려 할 때는 상대방과의 관계를 잘 파악해야 해요. 친밀한 사람들 사이에서만 통하는 유머가 있거든요. 친밀도 단계가 낮은 사이에서 웃자고 꺼낸 말이 역효과를 일으키는 경우를 종종 봤어요. 상대의 반응을 살펴 가며 친밀도 단계를 구별하고 유머의 수위를 조절해야 해요.

강원국 웃음 포인트를 포착하는 일이 정말 중요한 것 같아요. 특정한 사람과의 관계에서만 발생하는 웃음 포인트가 있는데, 그런 건 다른 사람들은 이해하기 어렵죠.

김민식 강원국 작가님도 경험하셨겠지만 강연할 때 똑같은 얘기를 해도 잘 웃는 사람들이 있고 안 웃는 사람들이 있잖아요. 어

강원국 × 김민식 말하기의 태도

떻게 보면 유머는 콘텐츠의 문제가 아니라 듣는 사람의 수용도에 달린 게 아닌가 싶어요. "어디 얼마나 잘하나 보자." 이렇게 수용도가 낮은 사람들 앞에서 말할 때랑 "와, 저 사람이 여기서 강연한다고?" 이렇게 기대하며 듣는 사람들 앞에서 말할 때가 완전히 달라요. 청중이 빵빵 터져 주면 내가 세상에서 제일 재밌는 사람 같고 그날 강연에 대한 자기만족도 또한 껑충 뛰어요. 극장에서 코미디 영화를 보는데 기자 시사회에서 보는 것과 주연 배우 팬클럽이랑 함께 보는 것이 극단적으로 다르잖아요.

강원국 〈KBS 아침마당〉 방청객은 정말 최고예요. 너무 잘 훈련된 방청객이죠.

김민식 저는 〈CBS 세상을 바꾸는 시간, 15분〉 청중들이 최고라고 생각해요. 보수를 받고 방청하는 프로페셔널과 순수한 팬으로서 온 참석자들은 아무래도 다를 수밖에 없죠. 자기가 꼭 듣고 싶은 강연에 참석하고자 자발적으로 신청서를 내고 당첨되어 오신 분들이기에 강연자로서도 정말 고맙고 최선을 다해야겠다는 마음이 들어요.

강원국 맞아요. 너무 좋아서 오히려 부담될 정도죠. 이분들의 열기에 찬물을 끼얹으면 안 된다는 마음이 생기고 더 열심히 강연하게 되죠.

말을 해석하는 것보다 비언어적 행동을 관찰하는 것이 중요하다

강원국 이번 대담에 앞서 작은 미션을 수행했어요. 김민식 PD님이 말씀하실 때 그 말을 해석하려고 노력하기보다는 어떤 말을 할 때 어떤 표정을 짓는지 세부적인 행동과 미시적인 변화를 관찰해 보았어요. 구체적으로는 표정이 굳는지 미소 짓는지, 눈동자가 한곳을 응시하는지 움직이는지, 눈썹을 찌푸리거나 아래턱의 긴장 상태도 관찰했지요. 흥미로운 건 PD님의 리액션이 최상급이라는 거예요. 아주 말할 맛이 나요. 특히 제 얘기를 들을 때는 눈 속에 들어올 것처럼 밀착하고 집중하네요.

김민식 말할 맛 나는 리액션이라고 말해 주시니 제가 보인 반응이 통한 거 같아 기분 좋습니다. 저는 조금 더 거시적인 관찰을 했어요. 작가님이 몸을 기울이거나 다리를 꼬는 거, 손짓하거나 고개를 끄덕이는 행동을 유심히 관찰해 보았습니다. 거기에 그치지 않고 작가님의 행동을 따라 하는 것까지 해 보았어요.

강원국 거의 의식하지 못했는데 그게 비결이었군요.

김민식 무의식적으로 다른 사람의 제스처 등을 모방하는 '행동 미러링'이라고 하는데, 작가님의 비언어적 행동을 따라 해 본 거죠. 작가님이 깍지를 끼면 저도 따라 깍지를 끼고, 다리를 꼬면 따라서 다리를 꼬는 식으로요. 확실히 관찰하고 리액션을 하다 보니까 작가님 말을 중간에 자르거나 끼어들지 않게 되고 더 집중하게 되는 것 같아요. 관찰하면서 듣는 쪽이 상대적으로 더 편하기도 하고요.

강원국 심리학에서 상대방과의 신뢰를 쌓고 관계를 발전시키는 방법을 '라포르 형성'이라고 하잖아요. 대화나 상담할 때 상대방이 더 편하게 털어놓게 하는 방법인데요. 그중에 방금 하신 행동 미러링 기법이 있고 또 하나는 '백트래킹'이 있어요. 상대방이 한 말에서 키워드가 되는 단어를 반복해서 사용하는 거죠.

김민식 아, 오늘의 대화를 복기해 보니 작가님이 키워드 백트래킹을 사용하신 거 같아요. 제가 한 말을 기막히게 요약해서 정리해 주신 게 참 좋았거든요.

강원국 재미있는 게 저는 의도적으로 그 기법을 써먹었다면 김 PD는 부지불식간에 제가 한 말에서 핵심 문구를 반복해 쓰더라고요. 평소에는 몰랐는데 막상 의식하고 들어 보니까 PD님이 나에게 보내는 호감의 신호로 느껴졌어요.

김민식 그러고 보니 대화가 안 되는 부부에게 해법으로 남편은 아내의 말을 무조건 복창하면서 "그랬구나"를 덧붙이라고 한 게 떠오르네요.

강원국 그거 정말 조심해야 합니다. 무소신석인 반복은 오히려 자기 말을 성의 없이 대충 듣는 걸로 오해받을 수 있거든요.

김민식 하하, 맞습니다. 오히려 열받게 할 수 있죠.

강원국 오늘 김 PD를 관찰하면서 발견한 패턴이 있어요. 제가 말을 할 때는 한순간도 놓치지 않고 제 눈을 봅니다. 그런데 본인의 말을 할 때는 저보다는 친밀도가 높은 분을 자주 보더라고요.

김민식 그랬군요. 작가님 말씀에 집중해서 듣는 건 아무런 부담이 없는데, 제가 말할 때는 작가님 앞에서 이렇다 저렇다 말하기가 겸연쩍은 게 있었나 봐요.

강원국 난 또 내 얼굴에 뭐가 묻었나 했어요. 그런 경우가 가끔 있잖아요. 대화하는데 상대방의 코털이 삐져나와 있다거나 고춧가루가 이 사이에 끼었다든지요. 본인은 인식하지 못했는데 상대방은 자꾸 의식하게 돼요. 어떨 때는 그거 때문에 신경 쓰여서 무슨 얘기를 들었는지 기억도 안 나더라고요. 그럴 때 어떻게 하세요?

김민식 상대의 친밀도에 따라 다를 거 같아요. 그런데 입장을 바꿔 생각하면 제가 그런 상황이라면 초반에 얘기해 주는 게 좋아요. 민망하긴 하지만 그 얘기를 해 주었다는 건 나를 배려한 거잖아요.

강원국 처음 눈에 띄었을 때 말하는 게 좋죠. 시간이 지날수록 더 얘기하기 어려우니까요.

김민식 대화할 때 행동이나 태도에 집중하는 게 좋다는 걸 확인하고

보니 그렇게 해야겠어요.

에필로그

존중과 책임이
말하는
태도를 만든다

2012년 〈세상을 바꾸는 시간 15분〉이란 프로그램을 통해 교육 전문가 이범 선생님의 '우리 아이 미래형 인재로 키워라'라는 강의를 들었다. 자라나는 아이들이 기르면 좋을 세 가지 품성이 있는데 바로 창의성, 역량, 협업 정신이다. 이것은 PD에게도 절대적으로 필요한 품성이다. 어떻게 하면 세 가지 품성을 기를 수 있을까.

창의성의 조건 중 하나는 용기다. 남다른 생각을 하고, 그걸 남 앞에서 표현하는 용기가 있어야 한다. 말하기를 잘하고 싶다면 일부러 기회를 만들어서라도 자꾸 말을 해봐야 한다. 말을 할 때는 용기를 내어 자기 생각을 표현하고, 다른 사람의 말을 들을 때는 그의 용기를 북돋아야 한다. "어떻게 그렇게 참신한 생각을 다 했어요?"라며 용기를 키우는 것이 창의성을 기르는 지름길이다.

협업을 잘하는 비결은 무엇일까? 내가 모든 것을 다 잘할 수 없다는 것을 인정하고 각 분야의 전문가를 모아 힘을 합치고 역량을 키우는 것이다. 주위에 나보다 실력이 뛰어난 사람을 모아 그들에게 묻어가는 삶, 그게 협업의 요체다. 독자들도 이미 눈치챘겠지만, 이번 책을 쓰는 나의 자세가 바로 이것이다. 말하기와 듣기의 고수 강원국 작가님에게 묻어가자!

역량은 무엇일까? 지식과 기술과 태도의 합이다. 과거에는 지식과 기술이 중요했다. 이제는 아니다. 지식과 기술은 한 개인의 역량으로 평가할 수 있는 수준을 넘어섰다. 그 양과 질이 폭발적으로 늘어났기 때문이다. 인공지능이나 로봇과 경쟁하자면 한두 명의 뛰어난 능력으로는 대적이 안 된다. 21세기에는 좋은 관계를 만드는 태도가 역량이다. 태도는 오랜 시간 몸에 밴 습관을 통해 드러난다. 그러기에 평소 좋은 습관을 만들고 몸과 마음에 익히는 것이 중요하다.

이 세 가지 품성을 기르기 위해 10년 동안 관련 주제를 다룬 책을 읽으며 공부했고 나 자신을 바꾸기 위해 끊임없이 노력해 왔다. 이를 토대로 수많은 독자와 만나는 자리에서 그 고민을 이야기로 나누었다.

2023년 초 챗GPT가 공개된 후, 유튜브 〈지식인사이드〉 채널에 출연했더니 '인공지능의 시대, 아이들에게 필요한 역량은 무엇인가?'라는 질문을 받았다. 이제 인간에게 남은 역량은 태도라는 것이 내 나름대로 찾은 결론이었다. 그래서 좋은 태도를 길러야 한다고 이야기했다. 영상은 조회 수 200만 회를 넘겼고 덕분에 강연 요청이 쇄도해 바쁜 한 해를 보냈다. 돌이켜 보니 이 이야기를 나의 말로 하기까지 10년이 걸린 셈이다.

말하기의 좋은 태도란 무엇일까? 공감과 이해, 존중과 책임, 그리고 긍정적인 자세다. 공감과 이해를 위해서는 상대방을 존중하는 자세가 필요하다. 들을 때는 말을 하는 사람을 존중하고, 내가 말을 할 때는 내 말에 책임을 져야 한다. 내가 한 말의 무게를 생각하면 평소에도 말을 갈고닦기 위해 꾸준히 공부하고 고민하는 습관이 필요하다. 글쓰기로 생각을 정리하는 훈련을 해도 좋다.

'어떻게 하면 말을 더 잘하고 잘 들을 수 있을까?' 강원국 작가님과 함께 고민하고 대화를 나눈 내용을 1년 가까운 시간 동안 정리하고 다듬어 책으로 펴냈다. 여기까지 읽은 독자라면 이미 좋은 태도 하나를 장착한 셈이다. 알고 싶은 것이 있으면 책을 읽고 공부하는 자세. 이제 책에서 배운 것을 일상에서 적용하며 습관으로 만들어 보기 바란다.

책을 쓰는 과정에서 강원국 작가님에게 많이 배웠다. 대화가 이토록 즐거운 것이었던가? 나이를 먹어도 서로의 생각을 듣고

강원국 × 김민식 말하기의 태도

배우며 성장하는 즐거움을 누렸다. 모쪼록 독자 여러분도 우리의
대화에서 좋은 것만 쏙쏙 얻어가길 소망한다.

김민식

말하기의 좋은 태도란 공감과 이해,
존중과 책임, 그리고 긍정적인 자세다.
공감과 이해를 위해서는 상대방을
존중하는 자세가 필요하다.
들을 때는 말을 하는 사람을 존중하고,
내가 말을 할 때는 내 말에 책임을 져야 한다.
_김민식

강원국 × 김민식

말하기의 태도

초판 1쇄 발행 2024년 01월 31일
초판 3쇄 발행 2024년 11월 10일
지은이 강원국, 김민식
펴낸이 배민수, 이진영
기획 고래방(최지은, 양은영)
편집 밀리&셸리
마케팅 카이
펴낸곳 테라코타   **출판등록** 2023년 1월 13일 제2024-000080호
주소 서울시 용산구 원효로 128 e-테크벨리오피스텔 907호
메일 terracotta_book@naver.com
인스타그램 @terracotta_book

ⓒ 강원국×김민식, 2024
ISBN : 979-11-93540-03-9(03190)
값 18,500원